In cammino sulle orme dell'Apostolo Paolo a Roma

Vademecum del pellegrino

SAN PAOLO

29 VI
2008 2009
Anno Paolino

Coordinamento editoriale: Carlo Munns
Si ringrazia Thomas Munns per la gentile concessione delle foto
"Il messaggio spirituale": testi a cura dei Padri Benedettini della Basilica di San Paolo Fuori le Mura

Piazza Soncino, 5 - 20092 Cinisello Balsamo (MI)
www.edizionisanpaolo.it
Distribuzione: Diffusione San Paolo s.r.l.
Corso Regina Margherita, 2 - 10153 Torino

ISBN 978-88-215-6322-5

INDICE

Presentazione

«Sono lieto di annunciare ufficialmente che all'Apostolo Paolo dedicheremo uno speciale anno giubilare dal 28 giugno 2008 al 29 giugno 2009, in occasione del bimillenario della sua nascita, dagli storici collocata tra il 7 e il 10 d.C.».

Con queste parole – pronunciate il 28 giugno 2007 nel corso della celebrazione dei Vespri nella Basilica di San Paolo Fuori le Mura – il Santo Padre, Benedetto XVI, ha annunciato alla Chiesa ed al mondo l'indizione dell'Anno Paolino, per celebrare la figura dell'Apostolo delle Genti a 2000 anni dalla sua nascita.

Lo stesso Sommo Pontefice auspicava *«presso la Basilica Papale e presso l'attigua omonima Abbazia Benedettina...»* l'attuazione di *«una serie di eventi liturgici, culturali ed ecumenici, come pure varie iniziative pastorali e sociali, tutte ispirate alla spiritualità paolina»*. Raccomandava inoltre *«una speciale attenzione... ai pellegrinaggi che da varie parti vorranno recarsi in forma penitenziale presso la tomba dell'Apostolo per trovare giovamento spirituale»*.

Nell'accogliere l'invito del Santo Padre è stato realizzato il presente *vademecum* del pellegrino *In cammino sulle orme dell'Apostolo Paolo a Roma*, uno strumento che mi auguro possa essere un fedele compagno e costituire un utile strumento per quanti si recheranno a Roma per ripercorrere, nella fede, l'itinerario che Paolo compì duemila anni fa.

Il *vademecum* possa offrire un sostegno che, fortificato dalla fede e supportato dalla cultura cristiana, faciliti il raccoglimento e la preghiera e alimenti il gusto estetico. Infatti, per ogni tappa viene presentato non solo l'aspetto artistico del luogo, ma anche il messaggio spirituale, che da esso emana, al fine di favorire una sempre maggiore conoscenza dell'Apostolo Paolo.

Accostarsi a san Paolo è fondamentale per ogni cristiano e anche per chi cristiano non è, ma si riconosce immerso in un contesto culturale, quello occidentale, le cui radici cristiane sono indubbie. L'Apostolo è stato certamente tra i maggiori artefici di un dialogo interculturale costruttivo che, partendo dall'affermazione della propria identità, riesce a mettersi in contatto con le realtà più disparate.

La struttura del *vademecum*, semplice e di facile fruibilità, lo rende particolarmente adatto per pellegrinaggi sia di gruppi sia individuali; è utilizzabile anche da quanti non potranno recarsi di persona a Roma, ma intendono, in comunione con la Chiesa universale, celebrare lo storico evento.

Rivolgo l'augurio sincero a tutti i pellegrini, che intendono ricalcare le orme dell'Apostolo, di riscoprire la bellezza di una vita cristianamente vissuta.

Andrea Card. Cordero Lanza di Montezemolo
Arciprete della Basilica Papale di S. Paolo Fuori le Mura

Roma, 28 giugno 2008

L'indizione dell'Anno Paolino

Omelia di Benedetto XVI per i Vespri della Solennità dei Santi Pietro e Paolo, 28 giugno 2007 (Basilica di San Paolo Fuori le Mura)

Sua Santità Benedetto XVI ha indetto dal 28 giugno 2008 al 29 giugno 2009, uno speciale anno giubilare in occasione del bimillenario della nascita dell'Apostolo Paolo, dagli storici collocata tra il 7 e il 10 d.C.

L'annuncio alla Chiesa ed al mondo è stato dato dal Pontefice in occasione della solennità dei Santi Pietro e Paolo, il 28 giugno 2007 durante i Vespri celebrati nella Basilica di San Paolo fuori le mura a Roma.

Il Pontefice ha comunicato quest'importante notizia nel corso dell'omelia dedicata ai due grandi Apostoli, omelia che qui riportiamo integralmente:

Signori Cardinali,
venerati Fratelli nell'Episcopato e nel Sacerdozio, cari fratelli e sorelle!

In questi Primi Vespri della Solennità dei santi Pietro e Paolo facciamo grata memoria di questi due Apostoli, il cui sangue, insieme a quello di tanti altri testimoni del Vangelo, ha reso feconda la Chiesa di Roma. Nel loro ricordo sono lieto di salutare tutti voi, cari fratelli e sorelle, a cominciare dal Signor Cardinale Arciprete e dagli altri Cardinali e Vescovi presenti, dal Padre Abate e dalla Comunità benedettina cui è affidata questa Basilica, fino agli ecclesiastici, alle religiose e ai religiosi e ai fedeli laici qui convenuti. Un saluto particolare dirigo alla Delegazio-

ne del Patriarcato ecumenico di Costantinopoli, che ricambia la presenza della Delegazione della Santa Sede ad Istanbul, in occasione della festa di sant'Andrea.

Come ho avuto modo di dire qualche giorno fa, questi incontri e iniziative non costituiscono semplicemente uno scambio di cortesie tra Chiese, ma vogliono esprimere il comune impegno di fare tutto il possibile per affrettare i tempi della piena comunione tra l'Oriente e l'Occidente cristiani. Con questi sentimenti, mi dirigo con deferenza ai Metropoliti Emmanuel e Gennadios, inviati dal caro Fratello Bartolomeo I, al quale rivolgo un pensiero grato e cordiale. Questa Basilica, che ha visto eventi di profondo significato ecumenico, ci ricorda quanto sia importante pregare insieme per implorare il dono dell'unità, quell'unità per la quale san Pietro e san Paolo hanno speso la loro esistenza sino al supremo sacrificio del sangue.

Un'antichissima tradizione, che risale ai tempi apostolici, narra che proprio a poca distanza da questo luogo avvenne l'ultimo loro incontro prima del martirio: i due si sarebbero abbracciati, benedicendosi a vicenda. E sul portale

Paolo e Pietro (via Ostiense – Roma)

maggiore di questa Basilica essi sono raffigurati insieme, con le scene del martirio di entrambi.

Fin dall'inizio, dunque, la tradizione cristiana ha considerato Pietro e Paolo inseparabili l'uno dall'altro, anche se ebbero ciascuno una missione diversa da compiere: Pietro per primo confessò la fede in Cristo, Paolo ottenne in dono di poterne approfondire la ricchezza. Pietro fondò la prima comunità dei cristiani provenienti dal popolo eletto, Paolo divenne l'apostolo dei pagani. Con carismi diversi operarono per un'unica causa: la costruzione della Chiesa di Cristo.

Nell'Ufficio delle Letture, la liturgia offre alla nostra meditazione questo noto testo di sant'Ago-

stino: "Un solo giorno è consacrato alla festa dei due apostoli. Ma anch'essi erano una cosa sola. Benché siano stati martirizzati in giorni diversi, erano una cosa sola. Pietro precedette, Paolo seguì... Celebriamo perciò questo giorno di festa, consacrato per noi dal sangue degli apostoli" (Disc. 295, 7.8). E san Leone Magno commenta: "Dei loro meriti e delle loro virtù, superiori a quanto si possa dire, nulla dobbiamo pensare che li opponga, nulla che li divida, perché l'elezione li ha resi pari, la fatica simili e la fine uguali" (In natali apostol., 69, 6-7).

A Roma il legame che accomuna Pietro e Paolo nella missione, ha assunto sin dai primi secoli un significato molto specifico.

Come la mitica coppia di fratelli Romolo e Remo, ai quali si faceva risalire la nascita di Roma, così Pietro e Paolo furono considerati i fondatori della Chiesa di Roma.

Dice in proposito san Leone Magno rivolgendosi alla Città: "Sono questi i tuoi santi padri, i tuoi veri pastori, che per farti degna del regno dei cieli, hanno edificato molto più bene e più felicemente di coloro che si adoperarono per gettare le prime fondamenta delle tue mura" (Omelie 82,7). Per quanto umanamente diversi l'uno dall'altro, e benché il rapporto tra di loro non fosse esente da tensioni, Pietro e Paolo appaiono dunque come gli iniziatori di una nuova città, come concretizzazione di un modo nuovo e autentico di essere fratelli, reso possibile dal Vangelo di Gesù Cristo. Per questo si potrebbe dire che oggi la Chiesa di Roma

S. Paolo (Basilica S. Paolo – Roma)

celebra il giorno della sua nascita, giacché i due Apostoli ne posero le fondamenta. Ed inoltre Roma oggi avverte con più consapevolezza quale sia la sua missione e la sua grandezza. Scrive san Giovanni Crisostomo che "il cielo non è splendido quando il sole diffonde i suoi raggi, come lo è la città di Roma, che irradia lo splendore di quelle fiaccole ardenti (Pietro e Paolo) per tutto il mondo... Questo è il motivo per cui amiamo questa città... per queste due colonne della Chiesa" (Comm. a Rm 32). Dell'apostolo Pietro faremo memoria particolarmente domani, celebrando il divin Sacrificio nella Basilica Vaticana, edificata sul luogo dove egli subì il martirio. Questa sera il nostro sguardo si volge a san Paolo, le cui reliquie sono custodite con grande venerazione in questa Basilica.

All'inizio della Lettera ai Romani, come abbiamo ascoltato poco fa, egli saluta la comunità di Roma presentandosi quale "servo di Cristo Gesù, apostolo per vocazione" (1,1). Utilizza il termine servo, in greco doulos, che indica una relazione di totale e incondizionata appartenenza a Gesù, il Signore, e che traduce l'ebraico 'ebed, alludendo così ai grandi servi che Dio

S. Pietro (Basilica S. Paolo – Roma)

ha scelto e chiamato per un'importante e specifica missione.

Paolo è consapevole di essere "apostolo per vocazione", cioè non per autocandidatura né per incarico umano, ma soltanto per chiamata ed elezione divina. Nel suo epistolario, più volte l'Apostolo delle genti ripete che tutto nella sua vita è frutto dell'iniziativa gratuita e misericordiosa di Dio (cfr 1 Cor 15,9-10; 2 Cor 4,1; Gal 1,15). Egli fu scelto "per annunciare il vangelo di Dio" (Rm 1,1), per propagare l'annuncio della Grazia divina che riconcilia in Cristo l'uomo con Dio, con se stesso e con gli altri.

Dalle sue Lettere sappiamo che Paolo fu tutt'altro che un abile parlatore; anzi condivideva con Mosè e con Geremia la mancanza di talento oratorio. "La sua presenza fisica è debole e la parola dimessa" (2 Cor 10,10), dicevano di lui i suoi avversari.

Gli straordinari risultati apostolici che poté conseguire non sono pertanto da attribuire ad una brillante retorica o a raffinate strategie apologetiche e missionarie. Il successo del suo apostolato dipende soprattutto da un coinvolgimento personale nell'annunciarne il Vangelo con totale dedizione a Cristo; dedizione che non temette rischi, difficoltà e persecuzioni: "Né morte né vita – scriveva ai Romani – né angeli né principati, né presente né avvenire, né potenze, né altezza, né profondità, né alcun'altra creatura potrà mai separarci dall'amore di Dio, in Cristo Gesù, nostro Signore" (8,38-39). Da ciò possiamo trarre una lezione quanto mai importante per ogni cristiano. L'azione della Chiesa è credibile ed efficace solo nella misura in cui coloro che ne fanno parte sono disposti a pagare di persona la loro fedeltà a Cristo, in ogni situazione. Dove manca tale disponibilità, viene meno l'argomento decisivo della verità da cui la Chiesa stessa dipende.

Cari fratelli e sorelle, come agli inizi, anche oggi Cristo ha bisogno di apostoli pronti a sacrificare se stessi. Ha bisogno di testimoni e di martiri come san Paolo: un tempo persecutore violento dei cristiani, quando sulla via di Damasco cadde a terra abbagliato dalla luce divina, passò senza esitazione dalla parte del Crocifisso e lo seguì senza ripensamenti. Visse e lavorò per Cristo; per Lui soffrì e morì. Quanto attuale è oggi il suo esempio!

E proprio per questo, sono lieto di annunciare ufficialmente che all'apostolo Paolo dedicheremo uno speciale anno giubilare dal 28 giugno 2008 al 29 giugno 2009, in occasione del bimillenario della sua nascita, dagli storici collocata tra il 7 e il 10 d.C. Questo "Anno Paolino" potrà svolgersi in modo privilegiato a Roma, dove da venti secoli si conserva sotto l'altare papale di questa Basilica il sarcofago, che per concorde parere degli esperti ed incontrastata tradizione conserva i resti dell'apostolo Paolo. Presso la Basilica Papale e presso l'attigua omonima Abbazia Benedettina potranno quindi avere luogo una serie di eventi liturgici, culturali ed ecumenici, come pure varie iniziative pastorali e sociali, tutte ispirate alla spiritualità paolina. Inoltre, una speciale attenzione potrà essere data ai pellegrinaggi che da varie parti vorranno recarsi in forma penitenziale presso la tomba dell'Apostolo per trovare giovamento spirituale. Saranno pure promossi Convegni di studio e speciali pubblicazioni sui testi paolini, per far conoscere sempre meglio l'immensa ricchezza dell'insegnamento in essi racchiuso, vero patrimonio dell'umanità redenta da Cristo. Inoltre, in ogni parte del mondo, analoghe iniziative potranno essere realizzate nelle Diocesi, nei Santuari, nei luoghi di culto da parte di Istituzioni religiose, di studio o di assistenza, che portano il nome di san Paolo o che si ispirano alla sua figura e al suo insegnamento.

C'è infine un particolare aspetto che dovrà essere curato con singolare attenzione durante la celebrazione dei vari momenti del bimillenario paolino: mi riferisco alla dimensione ecumenica. L'Apostolo delle genti, particolarmente impegnato a portare la Buona Novella a tutti i popoli, si è totalmente prodigato per l'unità e la concordia di tutti i cristiani. Voglia egli guidarci e proteggerci in questa celebrazione bimillenaria, aiutandoci a progredire nella ricerca umile e sincera della piena unità di tutte le membra del Corpo mistico di Cristo. Amen!

L'Apostolo Paolo nel Magistero di Benedetto XVI

Prima di metterci in cammino sulle orme di Paolo a Roma, pensiamo sia essenziale avvicinarci alla vita, alle opere ed al messaggio dell'Apostolo delle Genti.

Nell'autunno del 2006, il Sommo Pontefice Benedetto XVI ha dedicato a Paolo quattro catechesi in occasione delle sue udienze del mercoledì. Esse sono un prezioso contributo d'approfondimento nella conoscenza dell'Apostolo e di guida per la vita d'ogni cristiano.

Per questo riteniamo di proporle in questo Vademecum in maniera integrale.

Paolo di Tarso

(25 ottobre 2006)

Cari fratelli e sorelle,

abbiamo concluso le nostre riflessioni sui dodici Apostoli chiamati direttamente da Gesù durante la sua vita terrena. Oggi iniziamo ad avvicinare le figure di altri personaggi importanti della Chiesa primitiva. Anch'essi hanno speso la loro vita per il Signore, per il Vangelo e per la Chiesa. Si tratta di uomini e anche di donne, che, come scrive Luca nel Libro degli Atti, «hanno votato la loro vita al nome del Signore nostro Gesù Cristo» (15,26).

S. Paolo – Affresco (Basilica S. Paolo – Roma)

Il primo di questi, chiamato dal Signore stesso, dal Risorto, ad essere anch'egli un vero Apostolo, è senza dubbio Paolo di Tarso. Egli brilla come stella di prima grandezza nella storia della Chiesa, e non solo di quella delle origini. San Giovanni Crisostomo lo esalta come personaggio superiore addirittura a molti angeli e arcangeli (cfr Panegirico 7,3). Dante Alighieri nella Divina Commedia, ispirandosi al racconto di Luca negli Atti (cfr 9,15), lo definisce semplicemente «vaso di elezione» (Inf. 2,28), che significa: strumento prescelto da Dio. Altri lo hanno chiamato il "tredicesimo Apostolo" – e realmente egli insiste molto di essere un vero Apostolo, essendo stato chiamato dal Risorto –, o addirittura "il primo dopo l'Unico". Certo, dopo Gesù, egli è il personaggio delle origini su cui siamo maggiormente informati. Infatti, possediamo non solo il racconto che ne fa Luca negli Atti degli Apostoli, ma anche un gruppo di Lettere che provengono direttamente dalla sua mano e che senza intermediari ce ne rivelano la personalità e il pensiero.

Luca ci informa che il suo nome originario era Saulo (cfr At 7,58; 8,1 ecc.), anzi in ebraico Saul (cfr At 9,14.17; 22,7.13; 26,14), come il re Saul (cfr At 13,21), ed era un giudeo della diaspora, essendo la città di Tarso situata tra l'Anatolia e la Siria. Ben presto era andato a Gerusalemme per studiare a fondo la Legge mosaica ai piedi del grande Rabbì Gamaliele (cfr At 22,3). Aveva imparato anche un mestiere manuale e ruvido, la lavorazione di tende (cfr At 18,3), che in seguito gli avrebbe permesso di provvedere personalmente al proprio sostentamento senza gravare sulle Chiese (cfr At 20,34; 1 Cor 4,12; 2 Cor 12,13-14).

Fu decisivo per lui conoscere la comunità di coloro che si professavano discepoli di Gesù. Da loro era venuto a sapere di una nuova fede – un nuovo "cammino", come si diceva – che poneva al proprio centro non tanto la Legge di Dio, quanto piuttosto la persona di Gesù, crocifisso e risorto, a cui veniva ormai collegata la remissione dei peccati. Come giudeo zelante, egli riteneva questo messaggio inaccettabile, anzi scandaloso, e si sentì perciò in dovere di perseguitare i seguaci di Cristo anche fuori di Gerusalemme.

L'incontro con Cristo sulla via di Damasco (Basilica S. Paolo – Roma)

Fu proprio sulla strada di Damasco, agli inizi degli anni '30, che Saulo, secondo le sue parole, venne «ghermito da Cristo» (Fil 3,12). Mentre Luca racconta il fatto con dovizia di dettagli – di come la luce del Risorto lo ha toccato e ha cambiato fondamentalmente tutta la sua vita – egli nelle sue Lettere va diritto all'essenziale e parla non solo di visione (cfr 1 Cor 9,1), ma di illuminazione (cfr 2 Cor 4,6) e soprattutto di rivelazione e di vocazione nell'incontro con il Risorto (cfr Gal 1,15-16). Infatti, si definirà esplicitamente «apostolo per vocazione» (cfr Rm 1,1; 1 Cor 1,1) o «apostolo per volontà di Dio» (2 Cor 1,1; Ef 1,1; Col 1,1), come a sottolineare che la sua conversione era non il risultato di uno sviluppo di pensieri, di riflessioni, ma il frutto di un intervento divino, di un'imprevedibile grazia divina. Da allora in poi, tutto ciò che prima costituiva per lui un valore divenne paradossalmente, secondo le sue parole, perdita e spazzatura (cfr Fil 3,7-10). E da quel momento tutte le sue energie furono poste al servizio esclusivo di Gesù Cristo e del suo Vangelo. Ormai la sua esistenza sarà quella di un Apostolo desideroso di «farsi tutto a tutti» (1 Cor 9,22) senza riserve.

Di qui deriva per noi una lezione molto importante: ciò che conta è porre al centro della propria vita Gesù Cristo, sicché la nostra identità sia contrassegnata essenzialmente dall'incontro, dalla comunione con Cristo e con la sua Parola. Alla sua luce ogni altro valore viene recuperato e insieme purificato da eventuali scorie.

Paolo fugge da Damasco (Basilica S. Paolo – Roma)

Un'altra fondamentale lezione offerta da Paolo è il respiro universale che caratterizza il suo apostolato. Sentendo acuto il problema dell'accesso dei Gentili, cioè dei pagani, a Dio, che in Gesù Cristo crocifisso e risorto offre la salvezza a tutti gli uomini senza eccezioni, dedicò se stesso a rendere noto questo Vangelo, letteralmente «buona notizia», cioè annuncio di grazia destinato a riconciliare l'uomo con Dio, con se stesso e con gli altri. Dal primo momento egli aveva capito che questa è una realtà che non concerneva solo i giudei o un certo gruppo di uomini, ma che aveva un valore universale e concerneva tutti, perché Dio è il Dio di tutti. Punto di partenza per i suoi viaggi fu la Chiesa di Antiochia di Siria, dove per la prima volta il Vangelo venne annunciato ai Greci e dove venne anche coniato il nome di «cristiani» (cfr At 11, 20.26), cioè di credenti in Cristo. Di là egli puntò prima su Cipro e poi a più riprese sulle regioni dell'Asia Minore (Pisidia, Licaonia, Galazia), poi su quelle dell'Europa (Macedonia, Grecia). Più rilevanti furono le città di Efeso, Filippi, Tessalonica, Corinto, senza tuttavia dimenticare Beréa, Atene e Mileto.

Nell'apostolato di Paolo non mancarono difficoltà, che egli affrontò con coraggio per amore di Cristo. Egli stesso ricorda di aver agito «nelle fatiche... nelle prigionie... nelle percosse... spesso in pericolo di morte...: tre volte sono stato battuto con le verghe, una volta sono stato lapidato, tre volte ho fatto naufragio...; viaggi innumerevoli, pericoli dai fiumi, pericoli di briganti, pericoli dai miei connazionali, pericoli dai pagani, pericoli nella città, pericoli nel deserto, pericoli sul mare, pericoli da falsi fratelli; fatica e travaglio, veglie senza numero, fame e sete, frequenti digiuni, freddo e nudità; e oltre a tutto questo, il mio assillo quotidiano, la preoccupazione per tutte le Chiese» (2 Cor 11,23-28). Da un passaggio della Lettera ai Romani (cfr 15, 24.28) traspare il suo proposito di spingersi fino alla Spagna, alle estremità dell'Occidente, per annunciare il Vangelo dappertutto, fino ai confini della terra allora conosciuta.

Come non ammirare un uomo così? Come non ringraziare il Signore per averci dato un Apostolo di questa statura? È chiaro che non gli sarebbe stato possibile affrontare situazioni tanto difficili e a volte disperate, se non ci fosse stata una ragione di valore assoluto, di fronte alla quale nessun limite poteva ritenersi invalicabile. Per Paolo, questa ragione, lo sappiamo, è Gesù Cristo, di cui egli scrive: «L'amore di Cristo ci spinge... perché quelli che vivono non vivano più per se stessi, ma per colui che è morto e risuscitato per loro» (2 Cor 5,14-15), per noi, per tutti.

Paolo e Barnaba con gli Apostoli a Gerusalemme (Basilica S. Paolo – Roma)

Di fatto, l'Apostolo renderà la suprema testimonianza del sangue sotto l'imperatore Nerone qui a Roma, dove conserviamo e veneriamo le sue spoglie mortali. Così scrisse di lui Clemente Romano, mio predecessore su questa Sede Apostolica negli ultimi anni del secolo I: «Per la gelosia e la discordia Paolo fu obbligato a mostrarci come si consegue il premio della pazienza... Dopo aver predicato la giustizia a tutto il mondo, e dopo essere giunto fino agli estremi confini dell'Occidente, sostenne il martirio davanti ai governanti; così partì da questo mondo e raggiunse il luogo santo, divenuto con ciò il più grande modello di perseveranza» (Ai Corinzi 5). Il Signore ci aiuti a mettere in pratica l'esortazione lasciataci dall'Apostolo nelle sue Lettere. «Fatevi miei imitatori, come io lo sono di Cristo» (1 Cor 11,1).

S. Paolo - La centralità di Gesù Cristo

(8 novembre 2006)

Cari fratelli e sorelle,

nella catechesi precedente, quindici giorni fa, ho cercato di tracciare le linee essenziali della biografia dell'apostolo Paolo. Abbiamo visto come l'incontro con Cristo sulla strada di Damasco abbia letteralmente rivoluzionato la sua vita. Cristo divenne la sua ragion d'essere e il motivo profondo di tutto il suo lavoro apostolico. Nelle sue lettere, dopo il nome di Dio, che appare più di 500 volte, il nome che viene menzionato più spesso è quello di Cristo (380 volte). È dunque importante che ci rendiamo conto di quanto Gesù

Cristo possa incidere nella vita di un uomo e quindi anche nella nostra stessa vita. In realtà, Cristo Gesù è l'apice della storia salvifica e quindi il vero punto discriminante anche nel dialogo con le altre religioni.

Guardando a Paolo, potremmo formulare così l'interrogativo di fondo: come avviene l'incontro di un essere umano con Cristo? E in che cosa consiste il rapporto che ne deriva? La risposta data da Paolo può essere compresa in due momenti. In primo luogo, Paolo ci aiuta a capire il valore assolutamente fondante e insostituibile della fede. Ecco che cosa scrive nella Lettera ai Romani: «Noi riteniamo che l'uomo viene giustificato per la fede, indipendentemente dalle opere della Legge» (3,28). E così pure nella Lettera ai Galati: «L'uomo non è giustificato dalle opere della Legge, ma soltanto per mezzo della fede in Gesù Cristo; perciò abbiamo creduto anche noi in Gesù Cristo per essere giustificati dalla fede in Cristo e non dalle opere della Legge, poiché dalle opere della Legge non verrà mai giustificato nessuno» (2,16). «Essere giustificati» significa essere resi giusti, cioè essere accolti dalla giustizia misericordiosa di Dio, ed entrare in comunione con Lui, e di conseguenza poter stabilire un rapporto molto più autentico con tutti i nostri fratelli: e questo sulla base di un totale perdono dei nostri peccati. Ebbene, Paolo dice con tutta chiarezza che questa condizione di vita non dipende dalle nostre eventuali opere buone, ma da una pura grazia di Dio: «Siamo giustificati gratuita-

Cristo conforta Paolo alla partenza per Roma (Basilica S. Paolo – Roma)

mente per sua grazia, in virtù della redenzione realizzata da Cristo Gesù» (Rm 3,24).

Con queste parole san Paolo esprime il contenuto fondamentale della sua conversione, la nuova direzione della sua vita risultante dal suo incontro col Cristo risorto. Paolo, prima della conversione, non era stato un uomo lontano da Dio e dalla sua Legge. Al contrario, era un osservante, con una osservanza fedele fino al fanatismo. Nella luce dell'incontro con Cristo capì, però, che con questo aveva cercato di costruire se stesso, la sua propria giustizia, e che con tutta questa giustizia era vissuto per se stesso. Capì che un nuovo orientamento della sua vita era assolutamente necessario. E questo nuovo orientamento lo troviamo espresso nelle sue parole: «Questa vita che io vivo nella carne io la vivo nella fede del Figlio di Dio, che mi ha amato e ha dato se stesso per me» (Gal 2, 20).

Paolo, quindi, non vive più per sé, per la sua propria giustizia. Vive di Cristo e con Cristo: dando se stesso, non più cercando e costruendo se stesso. Questa è la nuova giustizia, il nuovo orientamento donatoci dal Signore, donatoci dalla fede. Davanti alla croce del Cristo, espressione estrema della sua autodonazione, non c'è nessuno che possa vantare se stesso, la propria giustizia fatta da sé, per sé! Altrove Paolo, riecheggiando Geremia, esplicita questo pensiero scrivendo: «Chi si vanta si vanti nel Signore» (1 Cor 1,31 = Ger 9,22s); oppure: «Quanto a me non ci sia altro vanto che nella croce del Signore nostro Gesù Cristo, per mezzo del quale il mondo per me è stato crocifisso come io per il mondo» (Gal 6,14).

Riflettendo su che cosa voglia dire giustificazione non per le opere ma per la fede, siamo così arrivati alla seconda componente che definisce l'identità cristiana descritta da san Paolo nella propria vita. Identità cristiana che si compone proprio di due elementi: questo non cercarsi da sé, ma riceversi da Cristo e donarsi con Cristo, e così partecipare personalmente alla vicenda di Cristo stesso, fino ad immergersi in Lui e a condividere tanto la sua morte quanto la sua vita. È ciò che Paolo scrive nella Lettera ai Romani: «Siamo stati battezzati nella sua morte... siamo stati sepolti con lui... siamo stati completamente uniti a lui... Così anche voi consideratevi morti al peccato, ma viventi per Dio in Cristo Gesù» (Rm 6,3.4.5.11). Proprio quest'ultima espressione è sintomatica: per Paolo, infatti, non basta dire che i cristiani sono dei battezzati o dei credenti; per lui è altrettanto importante dire che essi sono «in Cristo Gesù» (cfr anche Rm 8,1.2.39; 12,5; 16,3.7.10; 1 Cor 1,2.3, ecc.). Altre volte egli inverte i termini e scrive che «Cristo è in noi/voi» (Rm 8,10; 2 Cor 13,5) o «in me» (Gal 2,20). Questa mutua compenetrazione tra Cristo e il cristiano, caratteristica dell'insegnamento di Paolo, completa il suo discorso sulla fede. La fede, infatti, pur unendoci intimamente a Cristo, sottolinea la distinzione tra noi e Lui. Ma, secondo Paolo, la vita del cristiano ha pure una componente che potremmo dire "mistica", in quanto comporta un'immedesimazione di noi con Cristo e di Cristo con noi. In questo senso, l'Apostolo giunge persino a qualificare le nostre sofferenze come le «sofferenze di Cristo in noi» (2 Cor 1,5), così che noi «portiamo sempre e dovunque nel nostro corpo la morte di Gesù, perché anche la vita di Gesù si manifesti nel nostro corpo» (2 Cor 4,10).

Paolo lapidato a Listra (Basilica S. Paolo – Roma)

Tutto questo dobbiamo calarlo nella nostra vita quotidiana seguendo l'esempio di Paolo che è vissuto sempre con questo grande respiro spirituale. Da una parte, la fede deve mantenerci in un costante atteggiamento di umiltà di fronte a Dio, anzi di adorazione e di lode nei suoi confronti. Infatti, ciò che noi siamo in quanto cristiani lo dobbiamo soltanto a Lui e alla sua grazia. Poiché niente e nessuno può prendere il suo posto, bisogna dunque che a nient'altro e a nessun altro noi tributiamo l'omaggio che tributiamo a Lui. Nessun idolo deve contaminare il nostro universo spirituale, altrimenti invece di godere della libertà acquisita ricadremmo in una forma di umiliante schiavitù. Dall'altra parte, la nostra radicale appartenenza a Cristo e il fatto che «siamo in Lui» deve infonderci un atteggiamento di totale fiducia e di immensa gioia. In definitiva, infatti, dobbiamo esclamare con san Paolo: «Se Dio è per noi, chi sarà contro di noi?» (Rm 8,31). E la risposta è che niente e nessuno «potrà mai separarci dall'amore di Dio che è in Cristo Gesù, nostro Signore» (Rm 8,39). La nostra vita cristiana, dunque, poggia sulla roccia più stabile e sicura che si possa immaginare. E da essa traiamo tutta la nostra energia, come scrive appunto l'Apostolo: «Tutto posso in colui che mi dà la forza» (Fil 4,13).

Affrontiamo perciò la nostra esistenza, con le sue gioie e i suoi dolori, sorretti da questi grandi sentimenti che Paolo ci offre. Facendone l'esperienza potremo capire quanto sia vero ciò che lo stesso Apostolo scrive: «So a chi ho creduto, e sono convinto che egli è capace di conservare il mio deposito fino a quel giorno», cioè fino al giorno definitivo (2 Tm 1,12) del nostro incontro con Cristo Giudice, Salvatore del mondo e nostro.

S. Paolo - Lo Spirito nei nostri cuori
(5 novembre 2006)

Cari fratelli e sorelle, anche oggi, come già nelle due catechesi precedenti, torniamo a san Paolo e al suo pensiero. Siamo davanti ad un gigante non solo sul piano dell'apostolato concreto, ma anche su quello della dottrina teologica, straordinariamente profonda e stimolante. Dopo aver meditato la volta scorsa su quanto Paolo ha scritto circa il posto centrale che Gesù Cristo occupa nella nostra vita di fede, vediamo oggi ciò che egli dice sullo Spirito Santo e sulla sua presenza in noi, poiché anche qui l'Apostolo ha da insegnarci qualcosa di grande importanza. Conosciamo quanto san Luca ci dice dello Spirito Santo negli Atti degli Apostoli, descrivendo l'evento della Pentecoste. Lo Spirito pentecostale reca con sé una spinta vigorosa ad assumere l'impegno della missione per testimoniare il Vangelo sulle strade del mondo. Di fatto, il Libro degli Atti narra tutta una serie di missioni compiute dagli Apostoli, prima in Samaria, poi sulla fascia costiera della Palestina, poi verso la Siria. Soprattutto vengono raccontati i tre grandi viaggi missionari compiuti da Paolo, come ho già ricordato in un precedente incontro del mercoledì. San Paolo però nelle sue Lettere ci parla dello Spirito anche sotto un'altra angolatura. Egli non si ferma ad illustrare soltanto la dimensione dinamica e operativa della terza Persona della Santissima Trinità, ma ne analizza anche la presenza nella vita del cristiano, la cui identità ne resta contrassegnata. Detto in altre parole, Paolo riflette sullo Spirito esponendone l'influsso non solo sull'agire del cristiano, ma anche sull'essere di lui. Infatti è lui a dire che lo Spirito di Dio abita in noi (cfr Rm 8,9; 1 Cor 3,16) e che «Dio ha inviato lo Spirito del suo Figlio nei nostri cuori» (Gal 4,6). Per Paolo dunque lo Spirito ci connota fin nelle nostre più intime profondità personali. A questo proposito, ecco alcune sue parole di rilevante significato: «La legge dello Spirito che dà vita in Cristo Gesù ti ha liberato dalla legge del peccato e della morte... Voi non avete ricevuto uno spirito da schiavi per ricadere nella paura, ma avete ricevuto uno spirito da figli adottivi, per mezzo del quale gridiamo: Abbà, Padre!» (Rm 8, 2.15), perché figli, possiamo dire "Padre" a Dio. Si vede bene dunque che il cristiano, ancor prima di agire, possiede già un'interiorità ricca e feconda, a lui donata nei sacramenti del Battesimo e della Cresima,

Anania impone lo Spirito Santo su Paolo (Basilica S. Paolo – Roma)

un'interiorità che lo stabilisce in un oggettivo e originale rapporto di filiazione nei confronti di Dio. Ecco la nostra grande dignità: quella di non essere soltanto immagine, ma figli di Dio. E questo è un invito a vivere questa nostra figliolanza, ad essere sempre più consapevoli che siamo figli adottivi nella grande famiglia di Dio. È un invito a trasformare questo dono oggettivo in una realtà soggettiva, determinante per il nostro pensare, per il nostro agire, per il nostro essere. Dio ci considera suoi figli, avendoci elevati a una dignità simile, anche se non uguale, a quella di Gesù stesso, l'unico vero Figlio in senso pieno. In lui ci viene donata, o restituita, la condizione filiale e la libertà fiduciosa in rapporto al Padre.

Scopriamo così che per il cristiano lo Spirito non è più soltanto lo «Spirito di Dio», come si dice normalmente nell'Antico Testamento e si continua a ripetere nel linguaggio cristiano (cfr Gn 41,38; Es 31,3; 1 Cor 2,11.12; Fil 3,3; ecc.). E non è neppure soltanto uno «Spirito Santo» genericamente inteso, secondo il modo di esprimersi dell'Antico Testamento (cfr Is 63,10.11; Sal 51,13), e dello stesso Giudaismo nei suoi scritti (Qumràn, rabbinismo). Alla specificità della fede cristiana, infatti, appartiene la confessione di un'originale condivisione di questo Spirito da parte del Signore risorto, il quale è diventato Lui stesso «Spirito vivificante» (1 Cor 15, 45). Proprio per questo san Paolo parla direttamente dello «Spirito di Cristo» (Rm 8,9), dello «Spirito del Figlio» (Gal 4,6) o dello «Spirito di Gesù Cristo» (Fil 1,19). È come se volesse dire che non solo Dio Padre è visibile nel Figlio (cfr Gv 14,9), ma che pure lo Spirito di Dio si esprime nella vita e nell'azione del Signore crocifisso e risorto!

Paolo ci insegna anche un'altra cosa importante: egli dice che non esiste vera preghiera senza la presenza dello Spirito in noi. Scrive infatti: «Lo Spirito viene in aiuto alla nostra debolezza, perché nemmeno sappiamo che cosa sia conveniente domandare – quanto è vero che non sappiamo come parlare con Dio! –; ma lo Spirito stesso intercede per noi con insistenza, con gemiti inesprimibili; e colui che scruta i cuori sa quali sono i desideri dello Spirito, poiché egli intercede per i credenti secondo i disegni di Dio» (Rm 8,26-27). È come dire che lo Spirito Santo, cioè lo Spirito del Padre e del Figlio, è ormai come l'anima della nostra anima, la parte più segreta del nostro essere, da dove sale incessantemente verso Dio un moto di preghiera, di cui non possiamo nemmeno precisare i termini. Lo Spirito, infatti, sempre desto in noi, supplisce alle nostre carenze e offre al Padre la nostra adorazione, insieme con le nostre aspirazioni più profonde. Naturalmente ciò richiede un livello di grande comunione vitale con lo Spirito. È un invito ad essere sempre più sensibili, più attenti a questa presenza dello Spirito in noi, a trasformarla in preghiera, a sentire questa presenza e ad imparare così a pregare, a parlare col Padre da figli nello Spirito Santo.

C'è anche un altro aspetto tipico dello Spirito insegnatoci da san Paolo: è la sua connessione con l'amore. Così infatti scrive l'Apostolo: «La speranza non delude, perché l'amore di Dio è stato riversato nei nostri cuori per mezzo dello Spirito Santo che ci è stato dato» (Rm 5,5). Nella mia Lettera enciclica "Deus caritas est" citavo una frase molto eloquente di sant'Agostino: «Se vedi la carità, vedi la Trinità» (n. 19), e continuavo spiegando: «Lo Spirito, infatti, è quella potenza interiore che armonizza il cuore [dei credenti] col cuore di Cristo e li muove ad amare i fratelli come li ha amati lui» (ibid.). Lo Spirito ci immette nel ritmo stesso della vita divina, che è vita di amore, facendoci personalmente partecipi dei rapporti intercorrenti tra il Padre e il Figlio. Non è senza significato che Paolo, quando enumera le varie componenti della fruttifica-

Anania battezza Paolo
(Basilica S. Paolo – Roma)

zione dello Spirito, ponga al primo posto l'amore: «Il frutto dello Spirito è amore, gioia, pace, ecc.» (Gal 5,22). E, poiché per definizione l'amore unisce, ciò significa anzitutto che lo Spirito è creatore di comunione all'interno della comunità cristiana, come diciamo all'inizio della Santa Messa con un'espressione paolina: «... la comunione dello Spirito Santo [cioè quella che è operata da lui] sia con tutti voi» (2 Cor 13,13). D'altra parte, però, è anche vero che lo Spirito ci stimola a intrecciare rapporti di carità con tutti gli uomini. Sicché, quando noi amiamo diamo spazio allo Spirito, gli permettiamo di esprimersi in pienezza. Si comprende così perché Paolo accosti nella stessa pagina della Lettera ai Romani le due esortazioni: «Siate ferventi nello Spirito» e: «Non rendete a nessuno male per male» (Rm 12,11.17).

Da ultimo, lo Spirito secondo san Paolo è una caparra generosa dataci da Dio stesso come anticipo e insieme come garanzia della nostra eredità futura (cfr 2 Cor 1,22; 5,5; Ef 1,13-14). Impariamo così da Paolo che l'azione dello Spirito orienta la nostra vita verso i grandi valori dell'amore, della gioia, della comunione e della speranza. Spetta a noi farne ogni giorno l'esperienza assecondando gli interiori suggerimenti dello Spirito, aiutati nel discernimento dalla guida illuminante dell'Apostolo.

S. Paolo – La vita nella Chiesa

(22 novembre 2006)

Cari fratelli e sorelle,

oggi completiamo i nostri incontri con l'apostolo Paolo, dedicandogli un'ultima riflessione. Non possiamo infatti congedarci da lui, senza prendere in considerazione una delle componenti decisive della sua attività e uno dei temi più importanti del suo pensiero: la realtà della Chiesa. Dobbiamo anzitutto constatare che il suo primo contatto con la persona di Gesù avvenne attraverso la testimonianza della comunità cristiana di Gerusalemme. Fu un contatto burrascoso. Conosciuto il nuovo gruppo di credenti, egli ne divenne immediatamente un fiero persecutore. Lo riconosce lui stesso per ben tre volte in altrettante Lettere: «Ho perseguitato la Chiesa di Dio» scrive (1 Cor 15,9; Gal 1,13; Fil 3,6), quasi a presentare questo suo comportamento come il peggiore crimine.

La storia ci dimostra che a Gesù si giunge normalmente passando attraverso la Chiesa! In un certo senso, questo si avverò, dicevamo, anche per Paolo, il quale incontrò la Chiesa prima di incontrare Gesù. Questo contatto, però, nel suo caso, fu controproducente, non provocò l'adesione, ma una violenta repulsione. Per Paolo, l'adesione alla Chiesa fu propiziata da un diretto intervento di Cristo, il quale, rivelandoglisi sulla via di Damasco, si immedesimò con la Chiesa e gli fece capire che perseguitare la Chiesa era perseguitare Lui, il Signore.

Infatti, il Risorto disse a Paolo, il persecutore della Chiesa: "Saulo, Saulo, perché mi perseguiti?" (At 9,4). Perseguitando la Chiesa, perseguitava Cristo. Paolo, allora, si convertì, nel contempo, a Cristo e alla Chiesa.

Di qui si comprende perché la Chiesa sia stata poi così presente nei pensieri, nel cuore e nell'attività di Paolo. In primo luogo, lo fu in quanto egli letteralmente fondò parecchie Chiese nelle varie città in cui si recò come evangelizzatore. Quando parla della sua «sollecitudine per tutte le Chiese» (2 Cor 11,28), egli pensa alle varie comunità cristiane suscitate di volta in volta nella Galazia, nella Ionia, nella Macedonia e nell'Acaia. Alcune di quelle Chiese gli diedero anche preoccupazioni e dispiaceri, come avvenne per esempio nelle Chiese della Galazia, che egli vide "passare a un altro vangelo" (Gal 1,6), cosa a cui si oppose con vivace determinazione. Eppure egli si sentiva legato alle Comunità da lui fondate in maniera non fredda

Paolo parla nella Sinagoga di Damasco (Basilica S. Paolo – Roma)

e burocratica, ma intensa e appassionata. Così, ad esempio, definisce i Filippesi «fratelli miei carissimi e tanto desiderati, mia gioia e mia corona» (4,1). Altre volte paragona le varie Comunità ad una lettera di raccomandazione unica nel suo genere: «La nostra lettera siete voi, lettera scritta nei nostri cuori, conosciuta e letta da tutti gli uomini» (2 Cor 3,2). Altre volte ancora dimostra nei loro confronti un vero e proprio sentimento non solo di paternità ma addirittura di maternità, come quando si rivolge ai suoi destinatari interpellandoli come «figlioli miei, che io di nuovo partorisco nel dolore finché non sia formato Cristo in voi» (Gal 4,19; cfr anche l Cor 4,14-15; 1 Ts 2,7-8).

Paolo e Barnaba ricevono il mandato apostolico da Pietro (Basilica S. Paolo - Roma)

Nelle sue Lettere Paolo ci illustra anche la sua dottrina sulla Chiesa in quanto tale. Così è ben nota la sua originale definizione della Chiesa come «corpo di Cristo», che non troviamo in altri autori cristiani del I secolo (cfr 1 Cor 12,27; Ef 4,12; 5,30; Col 1,24). La radice più profonda di questa sorprendente designazione della Chiesa la troviamo nel Sacramento del corpo di Cristo. Dice san Paolo: "Poiché c'è un solo pane, noi, pur essendo molti, siamo un solo corpo" (1 Cor 10,17). Nella stessa Eucaristia Cristo ci dà il suo Corpo e ci fa suo Corpo. In questo senso san Paolo dice ai Galati: "Tutti voi siete uno in Cristo" (Gal 3,28). Con tutto ciò Paolo ci fa capire che esiste non solo un'appartenenza della Chiesa a Cristo, ma anche una certa forma di equiparazione e di immedesimazione della Chiesa con Cristo stesso. È da qui, dunque, che deriva la grandezza e la nobiltà della Chiesa, cioè di tutti noi che ne facciamo parte: dall'essere noi membra di Cristo, quasi una estensione della sua personale presenza nel mondo. E da qui segue, naturalmente, il nostro dovere di vivere realmente in conformità con Cristo. Da qui derivano anche le esortazioni di Paolo a proposito dei vari carismi che animano e strutturano la comunità cristiana. Essi sono tutti riconducibili ad una sorgente unica, che è lo Spirito del Padre e del Figlio, sapendo bene che nella Chiesa non c'è nessuno che ne sia sprovvisto, poiché, come scrive l'Apostolo, «a ciascuno è data una manifestazione particolare dello Spirito per l'utilità» (1 Cor 12,7). Importante, però, è che tutti i carismi cooperino insieme per l'edificazione della comunità e non diventino invece motivo di lacerazione. A questo proposito, Paolo si chiede retoricamente: «È forse diviso il Cristo?» (1 Cor 1,13). Egli sa bene e ci insegna che è necessario «conservare l'unità dello spirito per mezzo del vincolo della pace: un solo corpo, un solo spirito, come una sola è la speranza alla quale siete stati chiamati» (Ef 4,3-4).

Ovviamente, sottolineare l'esigenza dell'unità non significa sostenere che si debba uniformare o appiattire la vita ecclesiale secondo un unico modo di operare. Altrove Paolo insegna a «non spegnere lo Spirito» (1 Ts 5,19), cioè a fare generosamente spazio al dinamismo imprevedibile delle manifestazioni carismatiche dello Spirito, il quale è fonte di energia e di vitalità sempre nuova. Ma se c'è un criterio a cui Paolo tiene molto è la mutua edificazione: "Tutto si faccia per l'edificazione" (1 Cor 14,26). Tutto deve concorrere a costruire ordinatamente il tessuto ecclesiale, non solo senza ristagni, ma anche senza fughe e senza strappi. C'è poi anche una Lettera paolina che giunge a presentare la Chiesa come sposa di Cristo (cfr Ef 5,21-33). Con ciò si riprende un'antica metafora profetica, che faceva del popolo d'Israele la sposa del Dio dell'alleanza (cfr Os 2,4.21; Is 54,5-8): questo per dire quanto intimi siano i rapporti tra Cristo e la sua Chiesa, sia nel senso che essa è oggetto del più tenero amore da parte del suo Signore, sia anche nel senso che l'amore dev'essere scambievole e che quindi noi pure, in quanto membra della Chiesa, dobbiamo dimostrare appassionata fedeltà nei confronti di Lui.

In definitiva, dunque, è in gioco un rapporto di comunione: quello per così dire verticale tra Gesù

Cristo in trono (Abside Basilica S. Paolo – Roma)

Cristo e tutti noi, ma anche quello orizzontale tra tutti coloro che si distinguono nel mondo per il fatto di «invocare il nome del Signore nostro Gesù Cristo» (1 Cor 1,2). Questa è la nostra definizione: noi facciamo parte di quelli che invocano il nome del Signore Gesù Cristo. Si capisce bene perciò quanto sia auspicabile che si realizzi ciò che Paolo stesso si augura scrivendo ai Corinzi: «Se invece tutti profetassero e sopraggiungesse qualche non credente o un non iniziato, verrebbe convinto del suo errore da tutti, giudicato da tutti; sarebbero manifestati i segreti del suo cuore, e così prostrandosi a terra adorerebbe Dio, proclamando che veramente Dio è fra voi» (1 Cor 14,24-25). Così dovrebbero essere i nostri incontri liturgici. Un non cristiano che entra in una nostra assemblea alla fine dovrebbe poter dire: "Veramente Dio è con voi". Preghiamo il Signore di essere così, in comunione con Cristo e in comunione tra noi.

Cronologia paolina

Qui di seguito presentiamo un quadro sinottico che riassume cronologicamente le principali fasi della vita di Paolo con l'indicazione dei passi del Nuovo Testamento che li illustrano, la data di stesura delle sue opere ed un parallelo storico con alcuni eventi significativi del storia di Roma contemporanea a Paolo.

ANNO	AVVENIMENTI	FONTI	SCRITTI PAOLINI	STORIA ROMA
5/10	Tarso: nascita di Paolo	At 7,58 Fm 9		Morte di Augusto Tiberio imperatore
26	Gerusalemme: studia come discepolo di Gamaliele	At 22,3; At 5,34-39		Ponzio Pilato prefetto in Giudea
34	Viaggio a Damasco Conversione e fuga da Damasco	At 9,1-19; At 22,4-24 At 26,9-18 Gal 1,1 1-17		Deposizione di Pilato Morte di Tiberio Caligola imperatore
36 41	1ª visita Gerusalemme Antiochia Collette per Gerusalemme	At 9,26-28 Gal,18 At 11,25-30		Claudio imperatore
46	1° Viaggio Apostolico Anatolia	At 13,1-14,28		
49	2ª visita Gerusalemme Concilio apostolico Antiochia -contesa con Pietro	At 15,1-35 Gal 2,1-10 Gal 2,11-14		Editto di Claudio - cacciata dei giudei da Roma
50	2° Viaggio Apostolico Asia minore - Macedonia - Acaia Filippi ,Tessalonica, Corinto	At 15,36>18,22 At 16,11 At 17,1 At 18,1	1ª Tessalonicesi 2ª Tessalonicesi	Gallione proconsole a Corinto
53-54	3° Viaggio Apostolico Galazia-Frigia-Efeso Macedonia-Grecia: Corinto, Troade, Mileto	At 18,23 At 19,1 At 20,2 At 20,5-6.13-17	1ª Corinzi Filippesi 2ª Corinzi Galati Romani	Antonio Felice governatore in Giudea Morte di Claudio Nerone diventa imperatore
58	Gerusalemme (arresto) Cesarea (prigionia)	At XXII-XXIII At XXV-XXVI		Porcio Festo governatore in Giudea
60	4° Viaggio - Verso Roma Naufragio presso Malta Arrivo in Italia	At XXVII-XXVIII		
61-63	Prigionia romana Liberazione S. Paolo	At 28,17-31 2ª Tm 4,6-8	Colossesi Efesini Filemone	
63-67	Viaggi in Spagna, Efeso, Creta e Macedonia	1ª Tim 1,3 1ª Tim 1,5	1ª Timoteo Tito	Luglio 64 - Incendio di Roma
67	Ritorno a Roma e martirio	2ª Timoteo	2ª Timoteo Ebrei	Persecuzioni neroniane

Le mappe dei viaggi missionari di Paolo

Come possiamo desumere dagli Atti degli Apostoli e dalle sue Lettere, Paolo compì tre grandi viaggi missionari.

Primo viaggio

Il viaggio durò cinque anni tra il 45 e il 49, da Antiochia a Cipro e nel sud dell'attuale Turchia (Perge, Antiochia di Pisidia, Iconio, Listra e Derbe). Paolo e Barnaba predicano con ardore nelle sinagoghe. Molti Ebrei si convertono. Ma aderiscono alla nuova fede anche pagani. E Paolo deve affrontare il problema se quest'ultimi debbano sottoporsi alle prescrizioni della legge mosaica, tra le quali la circoncisione. Un concilio tra gli apostoli a Gerusalemme nel 50 chiarirà la questione; i pagani non sono vincolati dalle norme giudaiche.

Secondo viaggio

Nel 50 Paolo si rimette in movimento. Il primo obiettivo di Paolo, accompagnato da Sila, è di incontrare le comunità da lui create in Anatolia del sud (a Listra incontra Timoteo, il quale li accompagna nel viaggio). Proseguono verso nord-ovest, fino ai Dardanelli, a Troade, da dove passano in Grecia; Paolo fonda delle Chiese a Filippi, Tessalonica, Berea, Atene e Corinto. Ritorna poi ad Antiochia, la sua base, passando attraverso Efeso e Cesarea. Ad Antiochia, per la prima volta i credenti furono chiamati "cristiani".

Terzo viaggio

È un viaggio di consolidamento. Paolo dal 53 al 58 ritorna a vedere le Chiese da lui create in Anatolia ed in Grecia, con Timoteo e Tito. Si imbarca di nuovo verso Tiro, Cesarea e Gerusalemme, dove viene arrestato.

Viaggio della cattività

Il quarto viaggio è quello che lo porterà a Roma per il suo primo processo. Non è un viaggio missionario, tuttavia la sua attività di evangelizzatore non cesserà.

Gli studiosi ritengono inoltre che dopo l'assoluzione a Roma, egli abbia compiuto un ultimo viaggio che lo ha portato forse in Spagna e quindi di nuovo in Asia Minore e Grecia, prima di essere ricondotto a Roma dove subirà il martirio nel 67 d.C.

Sulle orme di Paolo a Roma

In queste pagine vogliamo accompagnarvi sulle orme di Paolo a Roma alla ricerca dei luoghi che la tradizione cristiana ha visto legati alla vita dell'Apostolo delle Genti.

Ma come e quando Paolo arriva nel cuore dell'Impero romano?

Sappiamo che Paolo nasce a Tarso in Cilicia (oggi una regione della Turchia affacciata sul Mediterraneo) tra il 4 ed il 10 d.C.

Paolo era un uomo colto, un fariseo, una persona che aveva studiato e raggiunto, secondo la legge mosaica, la sapienza e la conoscenza. Cresciuto in una città di cultura ellenistica aveva completato la sua educazione ebraica a Gerusalemme sotto la guida del maestro Gamaliele. Era un uomo attento e fedele alla legge, e forte di questa sua sapienza umana, egli s'oppone a Cristo e alla sua Chiesa.

Ancora giovane, Saulo, è testimone del martirio di Stefano: è lui che regge i mantelli dei persecutori del primo martire cristiano.

Nella sua maturità è impegnato, in prima persona, nel perseguitare le comunità cristiane sorte nell'ambiente giudaico.

Paolo al martirio di S. Stefano (Basilica S. Paolo – Roma)

La preghiera di Stefano morente, primo martire di Cristo, che invoca il perdono per i suoi uccisori, apre la strada per un cambiamento radicale della vita di Saulo (At 7,60).

Paolo fa un'esperienza travolgente di Cristo: lui che vedeva e sapeva tutto, mentre è impegnato nelle sue attività di persecuzione dei primi convertiti, sulla via di Damasco rimane accecato dalla luce di Cristo che gli chiede: "*Saulo perché mi perseguiti?*".

Quella domanda scava nel suo cuore come una spada. Quando la luce torna nei suoi occhi, egli capisce che il suo sapere non gli serve più; egli è ormai un'altra persona, disposto a buttare via ed a considerare spazzatura tutto quello in cui finora ha creduto, pur di testimoniare la forza della Croce di Cristo e della sua Resurrezione.

Allora, Paolo mette tutte le sue energie spirituali e capacità intellettuali a servizio dell'annuncio del Cristo e del suo Vangelo. Dialoga con ebrei, romani, greci, abitanti dell'Asia Minore. Annuncia a tutti lo stesso messaggio. Con forza proclama Cristo morto e risorto per la salvezza dell'umanità tutta.

È un uomo che brucia per la Parola di Dio: uno che si fa tutto in tutti, pur di annunciare la parola di Dio. Compie tre lunghi viaggi in tutti i centri più importanti dell'impero romano. Instancabile, affronta difficoltà, percosse, carceri, persecuzioni. Ambasciatore in catene, come lui stesso si definisce, parla, annuncia, esorta, richiama. Dove e quando non può arrivare di persona, scrive lettere accorate di sostegno e guida.

Egli penetra nel profondo del messaggio evangelico e nel mistero di Cristo, con la luce ed il discernimento che solo lo Spirito può dare.

Il suo pensiero tuttavia è sempre a Roma. La sua lettera alle prime comunità di Roma, scritta intorno al 57-58 d.C., è una delle più alte vette della cristologia e, al tempo stesso, commovente segno di dedizione ed affetto per una comunità che ha subito e sta ancora subendo persecuzioni violente.

Scrive Paolo, nel preambolo della lettera ai Romani: "*A quanti sono in Roma, diletti da Dio e santi per vocazione, grazia a voi e pace da Dio, Padre nostro, e dal Signore Gesù Cristo.*

Dio... mi è testimone che io mi ricordo sempre di voi, chiedendo sempre nelle mie preghiere che per volontà di Dio mi si apra una strada per venire fino a voi.

Ho infatti un vivo desiderio di vedervi per comunicarvi qualche dono spirituale perché ne siate fortificati, o meglio, per rinfrancarmi con voi e tra voi mediante la fede che abbiamo in comune, voi e io. Non voglio pertanto che ignoriate, fratelli, che più volte mi sono proposto di venire fino a voi

– ma finora ne sono stato impedito – per raccogliere qualche frutto anche tra voi, come tra gli altri Gentili.

Poiché sono in debito verso i Greci come verso i barbari, verso i dotti come verso gli ignoranti: sono quindi pronto, per quanto sta in me, a predicare il vangelo anche a voi di Roma" (Rm 1,7-15).

Paolo si appella a Cesare (Basilica S. Paolo – Roma)

E questo avverrà nel 61 d.C., accusato in patria, dai suoi ex correligionari, è portato davanti ai tribunali, ma avendo il privilegio di avere la cittadinanza romana, s'appella a Cesare e chiede di essere giudicato, come suo diritto, a Roma, nel cuore dell'impero.

Paolo davanti al governatore Felice a Cesarea (Basilica S. Paolo – Roma)

Nel momento della prova, riceve il conforto di Cristo:

La notte seguente gli venne accanto il Signore e gli disse: «Coraggio! Come hai testimoniato per me a Gerusalemme, così è necessario che tu mi renda testimonianza anche a Roma» (At 23,11).

Dopo un viaggio avventuroso che ha visto il naufragio della sua nave sull'isola di Malta, risale l'Italia e giunge a Roma.

Le comunità cristiane, che lo attendono con ansia, gli vanno incontro sulla Via Appia: "*Partimmo quindi alla volta di Roma. I fratelli di là, avendo avuto notizie di noi, ci vennero incontro fino al Foro di Appio e alle Tre Taverne. Paolo, al vederli, rese grazie a Dio e prese coraggio*" (At 28,15).

A Roma, Paolo, nell'attesa del processo, riesce ad avere una relativa libertà di movimento che gli permette di continuare la sua missione evangelizzatrice nel cuore dell'Impero.

Come narrano gli Atti (At 28,16-30): "*Arrivati a Roma, fu concesso a Paolo di abitare per suo conto con un soldato di guardia. Paolo trascorse due anni interi nella casa che aveva preso a pigione e accoglieva tutti quelli che venivano a lui, annunziando il regno di Dio e insegnando le cose riguardanti il Signore Gesù Cristo, con tutta franchezza e senza impedimento*".

La tradizione ricorda due residenze di Paolo a Roma e, nel corso dei secoli, su questi luoghi sono sorte due chiese: **S. Paolo alla Regola e S. Maria in Via Lata**.

Il naufragio a Malta (Basilica S. Paolo – Roma)

Paolo incontra i cristiani di Roma sulla Via Appia (Basilica S. Paolo – Roma)

Secondo gli studiosi, S. Paolo alla Regola è forse il luogo dove Paolo ha soggiornato la prima volta a Roma tra il 61 ed il 63 d.C., fino alla fine del processo.

S. Maria in Via Lata è indicata, invece, con maggiore probabilità, come la casa dove egli visse al suo ritorno a Roma poco prima del martirio nel 67 d.C.

Durante il suo primo periodo romano, compatibilmente con suo stato di semilibertà avrà incontrato le comunità di Roma nelle *domus ecclesiae*, le case dove si svolgevano le liturgie della Parola e l'Eucaristia.

Tra queste è probabile che possa avere frequentato quella dei coniugi Aquila e Priscilla, la coppia che lo aveva sostenuto ed accompagnato nella missione in Grecia ed Asia Minore e che ora, tornata a Roma, opera attivamente al servizio della Chiesa locale. Oggi nel luogo dove la tradizione ha posto la casa dei Ss. Aquila e Priscilla, sorge la chiesa di **S. Prisca all'Aventino**.

Noi sappiamo che nel 63 Paolo viene prosciolto dal primo processo e lascia Roma per andare forse in Spagna e quindi in Asia Minore ed in Grecia.

Paolo tornerà a Roma più tardi negli ultimi anni del regno di Nerone dopo l'incendio di Roma del 64 d.C.

Nel 66, forse a Nicopoli, fu di nuovo arrestato e condotto a Roma, questa volta come cristiano. Siamo ora nel periodo più duro delle persecuzioni neroniane.

I cristiani stanno pagando un alto tributo di sangue.

Gli Atti dei Beati Apostoli Pietro

Paolo predica nella sua casa a Roma (Basilica S. Paolo – Roma)

e Paolo, apocrifi dei primi secoli, narrano i momenti di quest'ultima fase della vita di S. Paolo.

Tra i luoghi della sua prigionia, la tradizione indica **il Carcere Mamertino**, una prigione di massima sicurezza nei pressi del Foro romano.

Paolo è condannato alla decapitazione, per il privilegio d'essere cittadino romano.

Paolo subisce il martirio alle *Aquae salviae* sulla Via Laurentina ed intorno al luogo sorgerà un centro di vita monastica ed una chiesa dedicata a S. Paolo, oggi raccolti nel complesso dell'**Abbazia delle Tre Fontane**.

Mani pietose raccolgono il corpo di Paolo che viene sepolto sulla Via Ostiense, in un preesistente cimitero pagano.

Ben presto, qui sorse un piccolo oratorio ed un *trofeo*, che nel IV secolo, con Costantino e gli imperatori che gli succedettero, diventerà la splendida **Basilica di S. Paolo Fuori le Mura**.

Prima ancora della costruzione della basilica, la tradizione vuole che i corpi dei due santi siano stati trasferiti per alcuni decenni, sulla Via Appia presso le attuali **Catacombe di S. Sebastiano**, dove nacque la *Memoria Apostolorum*, un centro di devozione, dedicato a Pietro e Paolo.

Nel corso dei secoli, la devozione a Paolo crescerà sempre più. Alcune reliquie dell'Apostolo delle Genti sono raccolte dai primi Pontefici nel *Sancta Sanctorum*, la cappella del Patriarchìo, la prima residenza dei papi, nata intorno alla **Basilica di S. Giovanni in Laterano**. Qui due preziosi reliquiari posti nel ciborio dell'altare papale ancora oggi conservano, secondo la tradizione, le teste dei due apostoli.

Ma il nostro viaggio sulle orme di Paolo, non può non portarci anche alla **Basilica di S. Pietro**.

Qui non è passato fisicamente Paolo in vita od in morte, ma certo qui troviamo un testimone unico di Paolo: Pietro, colui che ha condiviso con Paolo la missione di fondare e far crescere la Chiesa di Cristo.

Ognuno dei due ha avuto un compito ed una missione distinte miranti l'uno a confermare nella fede i Cristiani, l'altro nel portare l'annuncio della Buona novella a tutto il mondo.

Le loro strade, che si sono separate all'inizio dell'evangelizzazione, ora convergono a Roma, nel cuore dell'impero. Insieme daranno la testimonianza più alta della loro fede.

Le loro statue affiancate sul sagrato della Basilica di S. Pietro, centro del Cristianesimo e sede dei successori di Pietro, con la loro forte e serena espressione, ci salutano e confortano al termine di questo nostro pellegrinaggio sulle orme di Paolo a Roma.

Le tappe dell'itinerario paolino a Roma

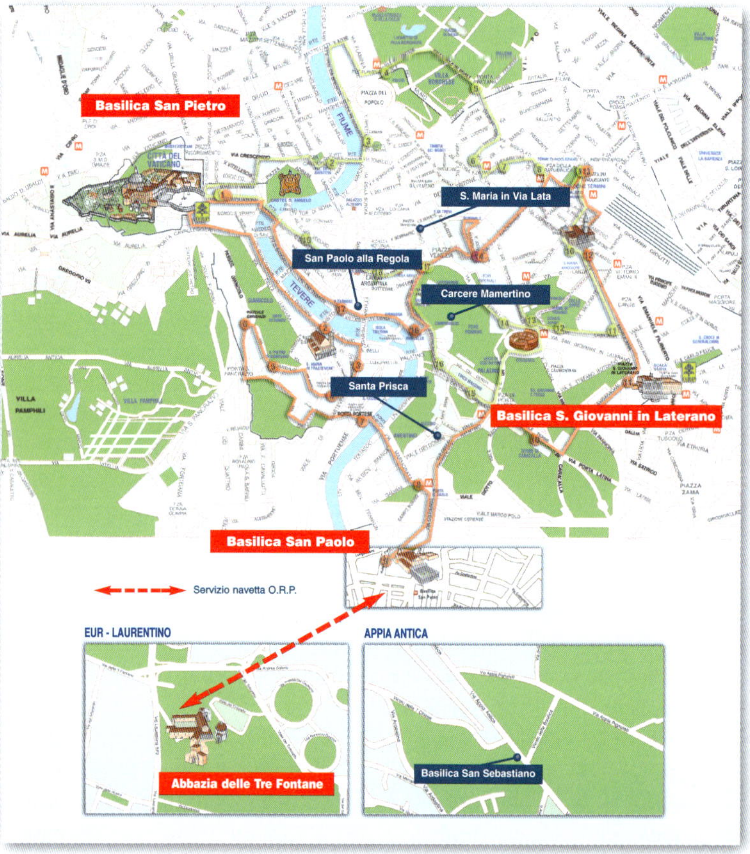

Basilica di S. Paolo Fuori le Mura

Profilo storico

IL LUOGO DEL SUO RIPOSO DOPO "LA BUONA BATTAGLIA"

In questa grande Basilica incontriamo la memoria più sacra di S. Paolo: il luogo dove il suo corpo riposa in attesa della Parusia.

San Paolo, martirizzato alle Tre Fontane, sulla via Laurentina, fu sepolto in questa area della Via Ostiense in un preesistente cimitero pagano. Ben presto, qui sorse un piccolo oratorio ed un *trofeo*, un monumento celebrativo di un martire, cui fa riferimento Gaio, un sacerdote della fine del II secolo, che ricordava: «*Se tu vai... sulla Via di Ostia troverai i trofei dei fondatori di questa Chiesa*».

Secondo la tradizione cristiana, nel secolo III, durante le persecuzioni di Valeriano, il corpo del santo, insieme a quello di Pietro, fu nasco-

Arco trionfale (Basilica S. Paolo – Roma)

sto per un breve periodo nelle catacombe di S. Sebastiano sull'Appia Antica.

Alla fine del terzo secolo, sul primitivo sepolcro, Costantino edificò una prima basilica e l'altare maggiore fu costruito proprio sul trofeo di Paolo.

Tre imperatori, dal 386 in poi (Valentiniano II, Teodosio ed Arcadio), ingrandirono la basilica costantiniana e ne spostarono la facciata verso il Tevere, (come la vediamo oggi), mantenendo la tomba dell'apostolo al centro del transetto della nuova basilica.

Onorio completò l'opera dei suoi predecessori, così che il luogo raggiunse una bellezza ed una dimensione degna della memoria di Paolo.

La basilica fu danneggiata e devastata in più occasioni da eventi umani e naturali e dovette essere più volte restaurata e addirittura fortificata, per resistere alle incursioni saracene. Ma fu anche abbellita ed arricchita d'opere d'arte.

Gli interventi più rilevanti, nel corso dei secoli, sono stati quelli operati sotto Leone Magno (440-461), Gregorio Magno (540-604) e Sisto V (1585-1590).

Nel 1823, la Basilica di S. Paolo fu quasi totalmente distrutta da un devastante incendio e fu riedificata, così come la vediamo oggi, con l'apporto di tutta la Cristianità e riconsacrata completamente da Pio IX nel dicembre 1854.

Ma cosa possiamo dire della tomba di Paolo?

Secondo una tradizione plurisecolare, il corpo dell'Apostolo si trova oggi sotto l'altare della Confessione in questa basilica.

Secondo *il Liber Pontificalis* del VI secolo, che raccoglie le memorie delle prime comunità di Roma, Costantino, nel costruire la basilica a lui dedicata, fece chiudere il corpo del santo in una bara di bronzo, incorporandola in una cella muraria e deponendovi sopra una grande croce d'oro.

Intorno al 390 d.C. sotto Teodosio, accanto a questa cella, che era ben visibile ed accessibile ai fedeli, fu posta una lastra marmorea dedicatoria con la scritta: *Paulo Apostolo Mart*, in seguito posta in piano al di sopra la cella. Due fori permettevano di calare oggetti personali sulla tomba ed ottenere così delle reliquie "per contatto".

Abside (Basilica S. Paolo – Roma)

Navata centrale
(Basilica S. Paolo – Roma)

In più fasi, il pavimento della basilica, in particolare nella parte del transetto, fu elevato; per questo la tomba dell'Apostolo scomparve progressivamente alla vista.

Gregorio Magno, creò un passaggio circolare interrato, con accesso dal lato dell'abside, che portava i fedeli a contatto ravvicinato con la tomba dell'Apostolo.

Sisto V (1585-1590), rese più visibile dall'esterno la confessione, assicurando l'accesso alla tomba di Paolo con due rampe di scale che rimasero in essere fino all'incendio

Ciborio (Basilica S. Paolo – Roma)

del 1823. Sotto il prezioso ciborio di Arnolfo di Cambio che copre l'altare e la tomba, oggi, dopo i recenti interventi, è stato portato alla luce un lato del rivestimento marmoreo della tomba del Santo, che ci permette di arrivare con gli occhi e con il cuore molto vicino a Paolo.

Di fronte alla tomba sono tra l'altro visibili resti dell'abside della basilica costantiniana.

L'ininterrotta e secolare tradizione storica e religiosa, maturata dal IV secolo in poi, ci conferma con forza indiscutibile il fatto che, sin dai primi secoli dell'era cristiana, questo è stato ritenuto il luogo dell'ultima dimora dell'Apostolo delle Genti.

Tomba dell'Apostolo (Basilica S. Paolo – Roma)

Sulla forza di questa tradizione, noi oggi possiamo credere e venerare S. Paolo in questa Basilica.

La Confessione (Basilica S. Paolo – Roma)

Il messaggio spirituale

ALLA FEDE ATTRAVERSO LA PREDICAZIONE DEL KERYGMA

Ci troviamo davanti alla *Confessione*, luogo di riposo dell'Apostolo Paolo, che ci annuncia ancora una volta come ha fatto in tutto il mondo di allora, il kerigma, la buona novella che Cristo, morto per noi, è risorto e che il peccato e la morte sono vinti.

Sulla via di Damasco Paolo fa un'esperienza travolgente di Cristo: quando la luce torna nei suoi occhi, egli capisce che il suo sapere non gli serve più; egli è ormai un'altra persona, disposto a buttare via ed a considerare spazzatura tutto quello in cui finora ha creduto, pur di testimoniare la forza della Croce di Cristo e della sua Resurrezione.

Allora, Paolo mette tutte le sue energie spirituali e capacità intellettuali a servizio dell'annuncio del Cristo e del suo Vangelo. Dialoga con ebrei, romani, greci, abitanti dell'Asia Minore. Sa toccare le corde interiori d'uomini di culture diverse. Lui ebreo e fariseo, già rigido sostenitore della Legge di Mosè, diventa colui che riesce ad annunciare ai greci, ricchi della loro filosofia, ed ai romani, superbi del loro status di

Paolo parla sull'Areopago di Atene (Basilica S. Paolo – Roma)

potenza egemone del mondo di allora, la verità sconcertante del Vangelo di Cristo.

Annuncia a tutti lo stesso messaggio, con forza proclama Cristo morto e risorto per la salvezza dell'umanità tutta.

Annuncia l'amore di Dio per noi, manifestato in Cristo Gesù, da cui nulla ci potrà mai separare.

Sembra una stoltezza agli occhi del mondo annunciare un Dio morto per noi su una croce e risorto. Ma quella che sembra stoltezza agli uomini in realtà è sapienza di Dio.

Cristo infatti non mi ha mandato a battezzare, ma a predicare il vangelo; non però con un discorso sapiente, perché non venga resa vana la croce di Cristo. La parola della croce infatti è stoltezza per quelli cha vanno in perdizione, ma per quelli che si salvano, per noi, è potenza di Dio... Non ha forse Dio dimostrato stolta la sapienza di questo mondo? Poiché, infatti, nel disegno sapiente di Dio il mondo, con tutta la sua sapienza, non ha conosciuto Dio, è piaciuto a Dio di salvare i credenti con la stoltezza della predicazione. E mentre i Giudei chiedono i miracoli e i Greci cercano la sapienza, noi predichiamo Cristo crocifisso, scandalo per i Giudei, stoltezza per i pagani; ma per coloro che sono chiamati, sia Giudei che Greci, predichiamo Cristo potenza di Dio e sapienza di Dio. Perché ciò che è stoltezza di Dio è più sapiente degli uomini, e ciò che è debolezza di Dio è più forte degli uomini (1ª Corinzi 1,17-25).

Paolo ricorda a tutti noi cristiani che la fede che Cristo suscita nel nostro cuore non può rimanere confinata nel nostro privato. Ognuno di noi è chiamato ad annunciare la Buona Novella di Cristo morto e risorto per la nostra salvezza ad ogni uomo e donna di questa generazione.

Paolo ci esorta insieme al suo diletto Timoteo (Tm 2 4,1-5):

"Ti scongiuro davanti a Dio e a Cristo Gesù che verrà a giudicare i vivi e i morti, per la sua manife-

Paolo parla a Gerusalemme (Basilica S. Paolo – Roma)

stazione e il suo regno: annunzia la parola, insisti in ogni occasione opportuna e non opportuna, ammonisci, rimprovera, esorta con ogni magnanimità e dottrina. Verrà giorno, infatti, in cui non si sopporterà più la sana dottrina, ma, per il prurito di udire qualcosa, gli uomini si circonderanno di maestri secondo le proprie voglie, rifiutando di dare ascolto alla verità per volgersi alle favole. Tu però vigila attentamente, sappi sopportare le sofferenze, compi la tua opera di annunziatore del vangelo, adempi il tuo ministero".

Non c'è bisogno di sapienza umana: gli apostoli erano persone umili che, con l'aiuto dello Spirito Santo, hanno annunciato il messaggio fondamentale della fede cristiana a tutto il mondo.

Informazioni utili per i pellegrini

BASILICA PAPALE DI S. PAOLO FUORI LE MURA	
Indirizzo	Via Ostiense, 186 – 00146 ROMA
Orari di apertura	Estivo: 7.00 – 18.30 Invernale: 7.00 – 18.00
Liturgie	Feriali: 7.00, 8.00, 9.00, 10.30, 17.45 (con ora solare) o 18.00 (con ora legale) Festivi: 7.00, 8.00, 9.00, 10.30, 12.00, 18.00 Sabato e prefestivi: 18.00 Vespri dei monaci in canto gregoriano: 17.00
Sacramento Riconciliazione	7.00 – 12.30 / 16.00 – 18.30
Programma Anno Paolino	Il programma dettagliato a pag. 114. Per aggiornamenti vedere sul sito web
Celebrazioni per gruppi	Sì
Contatto	Tel. 06 454 35 574 - 06 54 10 341 Fax: 06 454 34 185
E-mail	info@annopaolino.org
Sito web	www.annopaolino.org
Servizi	Toilette - Ristoro
Accessibilità per persone con abilità ridotte	Sì
Fermate Open Bus Roma Cristiana ORP	Linea S. Paolo Fermata n° 9 San Paolo
Fermate ATAC - Metro	Bus C6, C8, 23, 128, 766, 761 Metro B – Stop "Basilica S. Paolo"

Abbazia delle Tre Fontane

Profilo storico

Il luogo del suo martirio

L'Abbazia delle Tre Fontane
(Incisione di G. Vasi)

In questo luogo l'Apostolo Paolo ha testimoniato con il sangue la sua fede in Cristo.

Dopo la conclusione positiva del primo processo, Paolo parte per la Spagna, l'Asia Minore e la Grecia. Torna a Roma, qualche anno dopo, quando Nerone, dopo l'incendio di Roma del 64, lancia le sue ultime terribili persecuzioni contro i Cristiani.

Anche Paolo è condannato a morte. Il suo martirio secondo la maggioranza degli storici avvenne il 29 giugno dell'anno 67 d.C.

L'Apostolo Paolo, in quanto cittadino romano, subisce il martirio per decapitazione, in questa zona, nota come *alle Aquae Salviae*, nei pressi della Via Laurentina.

Gli Atti apocrifi dei Beati Pietro e Paolo, raccontano: *«Il prefetto Agrippa disse: "Ritengo giusto che a Paolo sia recisa la testa come irreligioso". Nerone gli rispose: "Hai giudicato egregiamente". Paolo fu condotto incatenato sul luogo della decapitazione, a tre miglia dalla città. Lo decapitarono presso il fondo delle Acque Salvie, vicino all'albero di pino.*

Il martirio di Paolo
(Chiesa di S. Paolo alle Tre Fontane)

Spiegando il velo di Plautilla, Paolo si bendò gli occhi, piegò le ginocchia a terra e porse la testa, che tosto con un gran fendente fu recisa, fu udita da tutti pronunciare a gran voce per tre volte in ebraico il Nome adorabile del Signore nostro Gesù Cristo, e al tempo stesso dal collo e dalla testa dell'Apostolo sprizzava un'ondata di latte sulle vesti del carnefice e per terra».

Secondo la tradizione, ove cadde la sua testa, tre fonti sgorgarono miracolosamente.

Da questo fatto nei secoli il luogo ha preso il nome delle Tre Fontane.

Questo stesso luogo, due secoli dopo la morte di Paolo, sotto Diocleziano nel 298, vide il martirio del tribuno Zenone e di oltre 10.000

La Porta di Carlomagno (Abbazia delle Tre Fontane)

Ss. Vincenzo ed Anastasio (Abbazia delle Tre Fontane)

soldati cristiani, già impiegati come schiavi nella costruzione delle terme di questo imperatore.

La santità di questo luogo bagnato dal sangue di tanti martiri, attirò sempre più fedeli, pellegrini e santi monaci. Oratori sorsero sul luogo del martirio di S. Paolo e su quello dei soldati di Zenone.

Intorno al 650, s'insedia un primo gruppo di monaci orientali che creano un monastero ed una chiesa annessa dedicata a S. Anastasio, un martire di origine persiana morto nel 624, le cui reliquie furono qui traslate.

Ma il complesso fiorì a nuova vita in età carolingia. Gregorio VII affidò il complesso ai Benedettini di Cluny ed infine, nel 1140, ai Cistercensi, che lo ricostruirono secondo le rigorose norme del loro ordine, completandolo nel 1221.

Nel 1370, qui arrivarono le reliquie di san Vincenzo di Saragozza, che fu associato nella dedicazione della chiesa abbaziale.

In vista dell'Anno Santo del 1600, fu data nuova dignità agli oratori dedicati a S. Paolo ed ai 10.000 martiri.

Fu sistemata la cripta dei martiri con la costruzione della chiesa di S. Maria Scala Coeli.

E si costruì una nuova chiesa sul luogo del martirio di S. Paolo.

Un lungo viale alberato, che porta ancora le tracce di un'antica strada romana, ci porta oggi alla chiesa.

All'interno, ci accoglie un'unica navata trasversale con due cappelle terminali.

Lungo la parete di fronte, tre nicchie, poste su tre livelli distinti, secondo l'originaria pendenza del luogo, ospitano le fonti sgorgate miracolosamente durante il martirio.

Fino al 1950, i fedeli potevano

La Chiesa di S. Paolo (Abbazia delle Tre Fontane)

Una delle fontane nella Chiesa di S. Paolo

La colonna del martirio (Chiesa di S. Paolo)

attingere a queste fonti, chiuse da quella data, per problemi d'inquinamento della falda che le alimentava.

Nell'angolo destro, dietro una grata, è esposta alla devozione dei fedeli la colonna cui, secondo la tradizione, S. Paolo fu legato durante il martirio.

Qui ci tornano nel cuore le toccanti parole di Paolo a Timoteo (2ª Tim. 4,6-8): "*Quanto a me, il mio sangue sta per essere sparso in libagione ed è giunto il momento di sciogliere le vele. Ho combattuto la buona battaglia, ho terminato la mia corsa, ho conservato la fede. Ora mi resta solo la corona di giustizia che il Signore, giusto giudice, mi consegnerà in quel giorno; e non solo a me, ma anche a tutti coloro che attendono con amore la sua manifestazione*".

Il messaggio spirituale

La fede nella resurrezione

In questo sacro luogo S. Paolo ha dato la sua testimonianza suprema d'amore per Gesù. Dalla sua morte sono scaturite tre fontane, le fonti della grazia e della salvezza, che Cristo ci ha meritato con la sua morte e resurrezione.

Il cuore del messaggio di Paolo ai pagani è l'annuncio della resurrezione di Cristo, che gli è apparso sulla via di Damasco e lo ha costituito apostolo del vangelo ai gentili.

L'impatto con la visione di Gesù vivo lo ha abbattuto nella sua arroganza e violenza contro i cristiani, ma anche gli ha trasmesso quel messaggio che Paolo svilupperà e comunicherà alle genti. Infatti egli afferma di aver ricevuto il vangelo per rivelazione e non attraverso il contatto con altri apostoli.

Paolo attende il ritorno di Cristo nella Parusia, così come Gesù stesso, aveva più volte annunciato ai suoi. Egli è certo che il ritorno di Cristo avverrà presto, mentre egli è ancora in vita, quando il Signore rapirà coloro che sono suoi, per condurli nel suo regno.

Intanto però nelle comunità cristiane vengono a mancare già alcuni discepoli. La morte dei credenti rattrista la comunità di Tessalonica e la mette in grave crisi. S. Paolo per lettera li conforta affermando che anche coloro che sono morti nella fede nel Signore Gesù, incontreranno il Signore nella gloria.

L'apostolo fa riferimento alla resurrezione del Signore. *"Noi crediamo che Gesù è morto e poi è risuscitato. Allo stesso modo crediamo che Dio riporterà alla vita, insieme con Gesù, quelli che sono morti credendo in lui"* (1Tess 4.14).

E nella lettera ai Corinti scriverà: *"Cristo è veramente risorto dai morti, primizia di resurrezione per quelli che sono morti... come tutti gli uomini muoiono per la loro unione con Adamo, così tutti risusciteranno per la loro unione a Cristo"* (1Cor 15.20-22).

La riflessione dell'Apostolo approfondisce il mistero della resurrezione dalla morte. La resurrezione non sarà l'evento dell'ultimo giorno, ma la rivelazione futura di ciò che si è già compiuto nella fede. In Cristo risorgeremo perché per la fede in Cristo siamo già risorti. San Paolo allora esorta i cristiani: *"Se siete risorti con Cristo cercate le cose di lassù, dove Cristo siede alla destra del Padre, pensate alle cose del cielo, non a quelle della terra"* (Colossesi 3.1).

Chiesa di S. Paolo alle Tre Fontane

Informazioni utili per i pellegrini

ABBAZIA DELLE TRE FONTANE	
Indirizzo	Via delle Acque Salvie, 1 – 00142 Roma
Orari di apertura	**Chiesa Abbaziale Ss. Vincenzo e Anastasio** 7.30-13.00/15.00-20.40 **Chiesa di S. Paolo** Invernale 9.00-13.00/15.00-18.00 Estivo 8.00-13.00/15.00-19.00
Liturgie	**Chiesa Abbaziale Ss. Vincenzo e Anastasio** Feriale: Lodi e S. Messa 6.45 S. Messa festiva 9.45 **Liturgia delle Ore** Sesta 12.15, Nona 15.00, Vespro 18.00, Compieta 20.15 **Chiesa di S. Paolo** domenica e festivi 11.30 – sabato 17.00
Sacramento Riconciliazione	**Chiesa Abbaziale Ss. Vincenzo e Anastasio** (vedi aggiornamento su sito web) **Chiesa del Martirio di S. Paolo** Sabato 16.30-17.30 – Domenica 11-12
Programmi speciali Anno Paolino	**Chiesa Abbaziale Ss. Vincenzo e Anastasio** Info su sito www.abbaziatrefontane.com **Chiesa del Martirio di S. Paolo** • *Ciclo di conferenze "La figura di Paolo nella vita dei santi"* • *Incontri di formazione per animatori musicali della liturgia* Info su sito www.sanpaolotrefontane.org
Celebrazioni per gruppi	**Chiesa Abbaziale Ss.Vincenzo e Anastasio** Informarsi presso l'Abbazia **Chiesa del Martirio di S. Paolo**: Sì
Contatto	**Abbazia** Tel. 06 5401655 – Fax 06 5413395 info@abbaziatrefontane.com **Chiesa di S. Paolo** Don Alessandro Olivieri Pennesi Rettore – Tel. 06 54602347 (anche fax) – cell. 393 414 0853 ale.pennesi@mclink.it
Servizi	Toilette - Ristoro
Accessibilità per persone con abilità ridotte	Sì per Chiesa Abbaziale e Chiesa del Martirio di S. Paolo. No per Scala Coeli.
Servizio speciale navetta ORP	Servizio navetta da e per la Basilica di S. Paolo
Fermate Atac	Metro B Fermata Laurentina – Bus 716

Basilica di San Pietro

Profilo storico

L'Apostolo Pietro, il testimone

Ora il nostro viaggio sulle orme di Paolo, ci porta alla Basilica di S. Pietro.

Qui non è passato fisicamente l'Apostolo delle Genti, ma certo qui riposa un testimone unico di Paolo: Pietro, colui che ha condiviso con lui la missione di fondare e far crescere la Chiesa di Cristo.

Un umile uomo, un pescatore che ha incontrato e riconosciuto con un atto di fede la divinità di Cristo e lo ha seguito fino in fondo nella sua vita, donando se stesso per la Chiesa, perché l'an-

nuncio del Vangelo arrivasse a noi attraverso i secoli.

Paolo dopo la sua conversione ha incontrato, una prima volta, Pietro a Gerusalemme nel 36 d.C. (At 9,26)

Molti altri incontri vi furono prima e durante i suoi viaggi apostolici per ricevere da Pietro la conferma del suo impegno missionario e per aggiornarlo sullo sviluppo dell'evangelizzazione in Asia minore ed in Grecia.

Pietro, viene a Roma intorno al 42 d.C. Qui evangelizza, battezza: e per vari anni fu la forza trainante delle prime comunità cristiane di Roma. Lo troviamo di nuovo a Roma nel 54 d.C. Quando, nel 61 d.C., Paolo arriva a Roma per il suo processo, essi si incontrano.

La tradizione ha voluto legare il destino finale dei due Apostoli in un'unica data; in tal senso essi avrebbero subito il processo, la prigionia ed il martirio insieme nel 67 d.C.

Gli studiosi, in alternativa, propendono per fissare nel 64 d.C. il martirio di Pietro e nel 67 d.C. quello di Paolo. Ma questo non cambia il fatto fondamentale che insieme, e proprio a Roma, essi sono stati chiamati ad annunciare la Buona Novella e a dare la testimonianza più alta della loro fede.

Oggi Pietro riposa qui e questa basilica esiste solo per la presenza della piccola sepoltura, che ancora oggi si trova nel suo cuore profondo.

I cristiani raccolsero il corpo di Pietro, martirizzato nel Circo di Nerone che qui si estendeva e lo seppellirono poco distante nel colle Vaticano.

Nel 150 d.C. circa, sopra questa sepoltura fu costruito un primo monumento di piccole dimensioni, che permetteva ai fedeli di venerare l'Apostolo.

Partendo da quel modesto monumento, tante generazioni di cristiani hanno voluto fare sempre più bello e grande questo luogo. Nei secoli la devozione ed il genio architettonico ed artistico di tanti uomini hanno creato un luogo unico di bellezza e grandezza.

Qui è passata la storia della Chiesa, dei suoi Pontefici, dei Concili Ecumenici, come quello Vaticano II. Qui si sono celebrati i Giubilei che hanno visto milioni di pellegrini da tutta Europa e dal mondo venire a confermare la loro fede sulla tomba di Pietro.

Alle fondamenta di questi duemila anni di storia della Chiesa ci sono i due grandi Apostoli Pietro e Paolo. Non a caso, sul sagrato della Basilica, li troviamo affiancati nelle loro statue.

L'ultimo incontro tra Paolo e Pietro (Basilica di S. Paolo)

Un'antichissima tradizione narra del loro ultimo incontro nel giorno del martirio.

Sulla Via Ostiense nei pressi della Basilica di S. Paolo, fino agli inizi del '900 si trovava una cappella, dove si faceva memoria di quest'ultimo saluto prima di separarsi.

Un bassorilievo, conservato oggi nel Museo della Via Ostiense a Porta S. Paolo, mostra il bacio della pace dei due Apostoli e un'iscrizione alla sua base ricorda ai fedeli: «*In questo luogo si separarono San Pietro et San Paulo andando al martirio et disse Paulo a Pietro: "che la pace sia teco, fundamento della Chiesa et pastore di tutti li agnelli di Cristo". Et Pietro at Paulo: "Va in pace Predicatore de' buoni et guida della salute dei giusti"*».

Quell'abbraccio dura ancora e la Chiesa li festeggia in unico giorno: il 29 giugno.

Il messaggio spirituale

La salvezza portata da Cristo

Ci troviamo presso la tomba di Pietro, l'apostolo della fede.

Da sempre la tradizione cristiana ha onorato insieme i santi Pietro e Paolo. Ognuno dei due fu chiamato ad una specifica missione: Pietro, infatti, fu il primo a confessare la fede in Cristo ed a fondare la prima comunità cristiana, Paolo ottenne in dono di poterne approfondire la ricchezza e di annunciare la buona novella ai pagani.

Sulla fede di Pietro, come su una roccia, Gesù ha fondato la sua Chiesa. Siamo grati a Dio del grande dono della fede, che abbiamo ricevuto per mezzo di Cristo, nella sua Chiesa. Per la fede siamo stati salvati.

L'apostolo Paolo ha sperimentato nel suo animo la lacerante contraddizione tra la mente, capace di riconoscere il bene e di volerlo, e le tendenze umane degradate, che sono sempre rivolte verso il male. È questa una condizione umana di grande sofferenza che fa gridare l'apostolo: *"Me sventurato, chi mi libererà da questo corpo di morte!"* (Rom 7,24).

In Cristo Paolo trova la risposta. La salvezza è possibile. Non viene, però, dal basso, non sarà mai opera dell'uomo stesso, frutto delle sue opere buone, non viene dall'osservanza della legge mosaica, come vogliono affermare i suoi oppositori.

La salvezza è possibile, ma può essere soltanto accolta come dono dall'alto. Iddio Padre venendo incontro alla caduta dell'uomo ha preparato un piano di salvezza, di cui Paolo sarà il banditore per incarico divino. Dio ha progettato la creazione di un nuovo uomo capace d'obbedienza piena al volere del Padre, e questi è Gesù, il Verbo fatto uomo, obbediente fino alla morte di croce. Per quest'obbedienza egli

Paolo rapito al terzo cielo (Basilica di S. Paolo)

ha meritato la resurrezione.

Dunque soltanto la fede in Gesù Cristo potrà salvare l'uomo dalla sua condizione di peccatore.

S. Paolo è fermo e intransigente nel suo insegnamento. Nessuna opera umana potrà liberare l'uomo dalla sua condizione di peccatore. La stessa legge, che è santa, gli è fonte di peccato, perché evidenzia con chiarezza le cadute dell'uomo, mentre è impotente a rimediare alla sua fragilità. La fede soltanto potrà salvarlo. Essa ricostruisce nell'interno dell'uomo un buon rapporto con Dio, cioè la giustificazione. Questo dono giunge all'uomo mediante il sacramento del Battesimo. Per l'azione dello Spirito di Cristo risorto, il battezzato passa dall'uomo vecchio figlio della disubbidienza d'Adamo, all'uomo nuovo ricreato in Cristo, obbediente alla voce dello Spirito e perciò figlio di Dio.

Informazioni utili per i pellegrini

BASILICA PATRIARCALE DI S. PIETRO IN VATICANO	
Indirizzo	Città del Vaticano
Orari di apertura	**Basilica:** 7.00 - 18.00 (inv.) 7.00 - 19.00 (est.) **Grotte Vaticane:** 7.00-18.00 nel periodo Aprile-Settembre 7.00-17.00 nel periodo Ottobre-Marzo
Liturgie	Festivo: 9.00, 10.30, 11.30, 12.10, 13.00, 16.00, 17.30 Feriale: 8.30, 10.00, 11.00, 12.00, 17.00
Sacramento Riconciliazione	Feriale: 7-12.30 e 16-19 Festivo: 7-13.30 e 16-19
Celebrazioni per gruppi	Sì
Contatto	Tel.: 06 69883712 (Sagrestia)
Servizi	Toilette - Guardaroba - Ufficio postale
Accessibilità per persone con abilità ridotte	Sì
Fermate Open Bus Roma Cristiana ORP	Linea S. Pietro - Fermata N.1 S. Pietro Linea S. Paolo - Fermata N. 1 S. Pietro
Fermate ATAC - Metro	Tram n. 19; Bus 62, 64, 23, 34, 40, 982, 271, 916, 190, 571, 982; Metro A - Stop "Ottaviano-S. Pietro"

Basilica di San Giovanni in Laterano

Profilo storico

La memoria degli Apostoli nella Madre di tutte le chiese

Siamo nella Basilica del SS.mo Redentore e dei SS. Giovanni Battista ed Evangelista, la chiesa più antica dell'Occidente e residenza del papa per più di mille anni, fino al XIV sec. Per questa ragione, essa possiede un titolo unico al mondo. È la "*Sacrosancta lateranensis ecclesia omnium urbium et orbis ecclesiarum*

Il ciborio (Basilica di San Giovanni in Laterano)

mater et caput", la santissima chiesa lateranense, madre e capo delle chiese di tutte le città e del mondo.

È la cattedrale di Roma, il luogo in cui il vescovo di Roma, il Papa, ha la sua cattedra quale segno del suo magistero.

Essa fu costruita a partire dal 314 d.C. da Costantino come ringraziamento per la protezione ricevuta da Dio, nello scontro contro Massenzio, alle porte di Roma.

Alla vigilia della battaglia decisiva, egli ha una visione: una croce contornata dalle parole *"In Hoc signo vinces"* (In questo segno, tu vincerai). Colpito da ciò, egli fa innalzare il segno di Cristo sui labari del proprio esercito e vince.

Accanto alla Basilica, sorse anche il Patriarchio, la residenza ufficiale del papa fino al XIV secolo, prima dello spostamento dei Pontefici al Vaticano.

In questo primo "Vaticano", erano conservate preziose ed uniche memorie di Cristo e degli Apostoli.

S. Elena, madre di Costantino aveva portato da Gerusalemme le reliquie della Santa Croce e della Passione di Cristo, tra le quali i 28

gradini di marmo ritenuti la scala del *Praetorium* di Pilato, salita da Gesù durante il suo processo.

Il Patriarchìo aveva un cuore unico: la cappella privata dei Papi, *il Sancta Sanctorum*.

Qui i pontefici raccolsero molte reliquie insigni, tanto che al suo interno una scritta ancora ricorda ai fedeli *"Non esiste un luogo più santo di questo"*.

E tra queste reliquie si trovavano le teste degli Apostoli Pietro e Paolo, che nelle feste solenni erano esposte ai fedeli attraverso due piccole grate.

Ma con l'abbandono del Patriarchìo, si decise di portare queste preziose reliquie dentro la Basilica.

E quale luogo più adatto per conservarle ed esporle alla pubblica devozione, se non nel magnifico ciborio che sovrastava l'altare papale?

Furono fuse due preziose custodie d'argento a forma di busto, nelle quali esse furono poste. Ancora oggi contornate dai riflessi dorati delle pareti del ciborio, coperte da una preziosa griglia di legno, esse dominano silenziose la grande navata della Basilica.

Gli Apostoli in questo luogo santo di Roma hanno visto svolgersi eventi importanti per la vita della Chiesa da loro fondata.

Il reliquiario degli Apostoli (Basilica di S. Giovanni in Laterano)

Fu in questa basilica che Bonifacio VIII dette il solenne avvio al primo Giubileo della storia, affacciandosi dalla loggia delle Benedizioni nel 1300, come ricorda un frammento di un affresco di Giotto, conservato all'interno della basilica.

Qui furono tenuti molti importanti Concili ecumenici.

Qui Martino V istituì, per la prima volta, per il Giubileo del 1423, la cerimonia dell'apertura della Porta

Santa, in seguito estesa alle altre basiliche romane.

Sempre qui, fino al XIX secolo, si celebrava la cerimonia d'incoronazione del nuovo Papa.

Qui, oggi, ogni nuovo Pontefice, dopo la sua elezione, viene a prendere possesso, come vescovo, della Città Eterna.

Il messaggio spirituale
La Chiesa, corpo di cristo

Nella Cattedrale di Roma, ricordiamo che la Chiesa, nel senso della comunità cristiana di Roma è "edificata sopra il fondamento degli apostoli" Pietro e Paolo, ed ha "come pietra angolare lo stesso Gesù Cristo. In lui ogni costruzione cresce ben ordinata per essere tempio santo nel Signore" (Ef 2,19-21).

Nel Medioevo, infatti, furono collocate ed esposte le reliquie dei crani dei Santi Pietro e Paolo proprio nel ciborio sopra l'Altare Papale, vale a dire il "fondamento degli Apostoli" sopra la "pietra angolare". La Chiesa veramente cattolica e indivisa dunque non è mai una Chiesa né esclusivamente Petrina né Paolina, riferendosi "al fatto che ciascuno di voi dice: 'Io sono di Paolo', ... 'E io di Cefa', 'E io di Cristo!'. Cristo è stato forse diviso? Forse Paolo è stato crocefisso per voi, o nel nome di Paolo che siete stati battezzati?" (I Cor 1,12-13). "Infatti nessuno può porre un fondamento diverso da quello che già vi si trova, che è Gesù Cristo" (I Cor 3,11).

Paolo spiega la Chiesa non soltanto tramite immagini architettoniche, ma anche corporali: la Chiesa è il corpo di Cristo. Al livello umano, una persona agisce, soffre e gioisce in questo mondo nel suo corpo fisico. Gesù l'ha fatto durante la sua vita terrestre. Ora egli agisce, soffre e gioisce in noi, nel suo corpo mistico, la Chiesa. Anzi, noi siamo necessari per completare la sua esperienza. Questo è il significato profondo delle parole di Paolo: "Perciò sono lieto delle sofferenze che sopporto per voi e completo nella mia carne quello che manca ai patimenti di Cristo, a favore del suo corpo che è la Chiesa" (Col 1,24).

La Cappella del *Sancta Sanctorum*, che si trova sopra la Scala Santa, custodisce fin da tempi remoti un oggetto particolare, il cosiddetto "Acheropita", una grande icona del Salvatore benedicente seduto sul trono.

Ogni pellegrino che segue il

cammino di Gesù Cristo sofferente incontra alla sommità della salita il Signore risorto ed esaltato, "l'immagine del Dio invisibile" (Col 1,18), egli che ha ottenuto "il primato su tutte le cose", "che è anche il capo del corpo, cioè della Chiesa" (Col 1,18).

Il Redentore e i SS. Giovanni Battista ed Evangelista (Basilica di S. Giovanni in Laterano)

Informazioni utili per i pellegrini

BASILICA PATRIARCALE DI S. GIOVANNI IN LATERANO	
Indirizzo	Piazza San Giovanni in Laterano, 4 00184 ROMA
Orari di apertura	**Basilica:** 7.00 – 18.30 **Scala Santa:** 6.15 - 12.00 15.00 – 18.15 (15.30 – 18.45 in estate)
Liturgie	Festivo: 7.00, 8.00, 9.00, 10.00, 11.00, 12.00, 17.00,18.00 Feriale: 7.00, 7.20, 8.00, 9.00, 10.00, 11.00, 12.00, 17.00, 18.00 Prefestivo: 18.00
Sacramento Riconciliazione	7.00 – 12.30 15.30 – 18.30
Celebrazioni per gruppi	Sì
Contatto	Tel. 06 69886433 (Sagrestia)
Servizi	Toilette e Ristoro
Accessibilità per persone con abilità ridotte	Sì
Fermate Open Bus Roma Cristiana ORP	Linea S. Paolo, Fermata n. 11 S. Giovanni in Laterano
Fermate Atac e Metro	Tram n. 3; Bus 117, 186, 218, 650, 665, 850; Metro A - Stop "San Giovanni"

San Paolo alla Regola

Profilo storico

La sua prima dimora a Roma

Chiesa di San Paolo alla Regola
Sopra: Medaglione di Paolo – facciata di San Paolo alla Regola

A Roma, Paolo dimora dal 61 al 63 dopo Cristo e, nell'attesa del processo, riesce ad avere quella che i romani chiamavano la *"custodia militaris"*, un regime carcerario che gli permise una relativa libertà di movimento con la possibilità di continuare la sua missione evangelizzatrice nel cuore dell'Impero. Come narrano gli Atti (At 28,16-30): *"Arrivati a Roma, fu concesso a Paolo di abitare per suo conto con un soldato di guardia. Paolo trascorse due anni interi nella casa che aveva preso a pigione e accoglieva tutti quelli che venivano a lui, annunziando il regno di Dio e insegnando le cose riguardanti il Signore Gesù Cristo, con tutta franchezza e senza impedimento".*

Oratorio di Paolo (San Paolo alla Regola)

Tra le ipotesi sulla prima dimora di San Paolo a Roma, la più accreditata è quella ove oggi sorge la Chiesa di san Paolo alla Regola, non lontano dal Tevere nei pressi di Ponte Sisto.

Nel primo secolo d.C. questa era una zona d'abitazioni e di magazzini.

La vicinanza del Tevere e la disponibilità d'acqua corrente devono avere sicuramente fatto sviluppare in questa zona laboratori per la tessitura e la tintura di tessuti.

E noi sappiamo che Paolo era un abile tessitore di tende e sempre ha voluto contribuire con il lavoro al proprio mantenimento nei suoi viaggi apostolici, per non gravare sulle comunità che visitava.

Un antichissimo apocrifo, anteriore l'anno 180, precisa che *«Paolo prese in fitto un horreum»*, un ampio locale, forse un granaio, molto adatto per predicare a un numeroso uditorio.

I recenti ritrovamenti nelle vicinanze della chiesa hanno evidenziato la presenza di un granaio e di un vasto complesso di *insulae* romane, ora visitabili, che portano sostegno a quanto trasmesso dalla tradizione.

Nei primi secoli del cristianesimo è da supporre che la memoria paolina si sia conservata sotto forma di oratorio e che sotto S. Silvestro Papa, nel quarto secolo, accanto all'oratorio, sia stata eretta anche una chiesa. È tradizione che S. Damaso (366-384) affiliò la chiesa alla sua basilica di S. Lorenzo.

E questa tradizione permane nei secoli, se un documento del 1245 ci testimonia che la contrada dove sorge la Chiesa si diceva comunemente *Pauli* (di Paolo).

Nel 1619 i Padri del Terzo Ordine Regolare di S. Francesco acquistarono la chiesa con l'annesso convento.

Nel 1687 essa fu ristrutturata come la vediamo oggi dal P. Giovanni Battista Borgonzoni, bolognese del

Oratorio di Paolo – Mosaico (San Paolo alla Regola)

Terzo Ordine e la facciata ultimata nel 1721 dall'architetto Giacomo Ciolli.

L'interno, a croce greca con cupola, custodisce il luogo dove la tradizione vuole che Paolo abbia abitato e predicato.

L'Oratorio di S. Paolo porta sull'architrave d'ingresso la scritta: *«Divi Pauli Apostoli Hospitium et Schola»*.

All'interno, un bel mosaico, posto qui agli inizi del 1900, è affiancato, a sinistra, da un passo dagli Atti degli Apostoli tratto dal saluto di Paolo alle comunità venute a dargli il benvenuto sulla Via Appia: *"Propter spem enim Israel catena hac circumdatus sum – Poiché è a causa della speranza d'Israele che io sono legato da questa catena"* (At 28,20).

A destra, un passo dalla commovente 2ª lettera di S. Paolo a Timoteo con la quale S. Paolo si accomiata dal suo diletto discepolo: *"Sed Verbum Dei non est alligatum – Ma la parola di Dio non è incatenata!"* (2ª Tm 2,9).

La Chiesa oggi è officiata dai Padri del Terzo Ordine Francescano che portano avanti il loro lavoro di evangelizzazione con l'aiuto del Movimento di Vita Cristiana.

Il messaggio spirituale
LA CARITÀ

Siamo qui a meditare sul comandamento fondamentale lasciatoci da Gesù: l'amore al prossimo ed al nemico (Mt 5,44 e Lc 6,27-35).

Paolo si è trovato di fronte a tante situazioni dove è stato chiamato a mettere in pratica questo insegnamento. Egli, scrivendo ai Romani, confessa di avere, nei confronti degli Ebrei, *"suoi consanguinei un grande dolore ed una sofferenza continua"* al punto da desiderare d'essere lui stesso *"anatema, separato da Cristo, a loro vantaggio"* (Rm 9,2-3).

Con ciò Paolo, imitando il suo divino Maestro, ci dà un esempio di quella perfezione della carità che c'ingiunge d'amare i nemici (Mt 6,43-48).

Ma anche nei confronti di quei discepoli che lo tradivano, come i Galati, che passarono ad altre dottrine, rinnegando con ciò, non solo Paolo, ma lo stesso Cristo crocifisso. dopo averli ripresi fa parlare il suo cuore, e si dice disposto *"a partorire di nuovo, nel dolore, i suoi figlioli finché non sia formato Cristo in loro"* (Gal 4,19). Così Paolo diventa esempio della carità pastorale dei sacerdoti, che deve rimanere fedele e gratuita, anche quando non ci fosse piena corrispondenza da parte dei fedeli.

L'inno alla Carità della 1ª lettera ai Corinzi, espone il programma di vita che lui voleva si attuasse in tutte le Chiese che fondava.

Esso, ancora oggi, è un richiamo forte per la vita spirituale di ognuno di noi:

"Se anche parlassi le lingue degli uomini e degli angeli ma non avessi la carità, sono come un bronzo che risuona o un cembalo che tintinna.

E se avessi il dono della profezia e conoscessi tutti i misteri e tutta la scienza, e possedessi la pienezza della fede così da trasportare le montagne, ma non avessi la carità, non sono nulla. E se anche distribuissi tutte le mie sostanze e dessi il mio corpo per esser bruciato, ma non avessi la carità, niente mi giova.

La carità è paziente, è benigna la carità; non è invidiosa la carità, non si vanta, non si gonfia, non manca di rispetto, non cerca il suo interesse, non si adira, non tiene conto del male ricevuto, non gode dell'ingiustizia, ma si compiace della verità.

Tutto copre, tutto crede, tutto spera, tutto sopporta.

La carità non avrà mai fine. Le profezie scompariranno; il dono delle lingue cesserà e la scienza svanirà...

Queste dunque le tre cose che rimangono: la fede, la speranza e la carità; ma di tutte più grande è la carità!" (1ª Cor 13,1- 8.13).

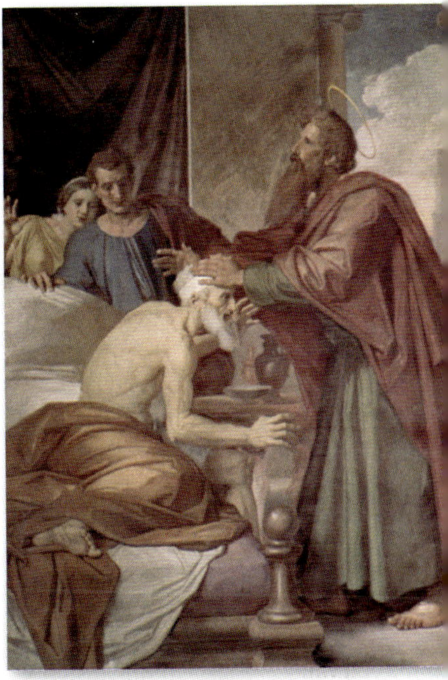

Paolo guarisce il padre del principe di Malta (Basilica San Paolo – Roma)

Informazioni utili per i pellegrini

CHIESA DI SAN PAOLO ALLA REGOLA	
Indirizzo	Via di San Paolo alla Regola, 6 – 00186 Roma
Orario d'apertura	Lunedì-Sabato: 10.00-12.30/17.00-20.00 Domenica 11.00-13.00
Liturgie	Santa Messa Feriale e prefestiva: 19.30 Festiva: 12.00 Adorazione Eucaristica Giovedì: 18.45-19.30
Sacramento della Riconciliazione	Lunedì-Sabato: 19.00-19.30 Domenica: 11.00-12.00
Programmi speciali Anno Paolino	*Meditazioni bibliche su* *San Paolo e l'Evangelizzazione* Giovedì alle ore 17.30, nelle seguenti date: 2008 04/09 - 18/09 - 02/10 - 16 /10 30/10 - 13/11 - 27/11 - 11/12 2009 22/01 - 05/02 - 19/2 - 5/3 - 19/3 2/4 - 23/4 - 14/5 - 28/5 - 11/6
Celebrazioni per gruppi	Sì
Contatto	P. Jorge Olaechea Tel. 3348088007
E-mail	sanpaoloallaregola@gmail.com
Accessibilità per persone con abilità ridotte	Sì
Fermate Open Bus Roma Cristiana ORP	Linea S. Paolo – Fermata n. 17 P. Sisto Linea San Pietro fermata n. 18 S. Maria ad Martyres (Largo Argentina)
Fermate Atac	H, 8 23, 271, 280 23, 271, 280

S. Maria in via Lata

Profilo storico

La seconda dimora a Roma

Cripta (S. Maria in Via Lata)

In questa chiesa la tradizione ha indicato nei secoli un'altra delle abitazioni di San Paolo a Roma.

Noi sappiamo che nel 63 Paolo viene prosciolto al termine del primo processo e lascia Roma per andare forse in Spagna e quindi in Asia Minore ed in Grecia. Tornerà alcuni anni più tardi all'epoca di Nerone.

E questa volta la sua fede cristiana lo farà vittima delle persecuzioni neroniane.

In questo suo secondo ritorno a Roma, avrà vissuto in altri luoghi prima di essere imprigionato e condannato a morte.

Sia nel primo sia, forse più probabilmente, nel secondo periodo di permanenza a Roma, S. Paolo può avere vissuto in più luoghi, alcune volte anche ospite delle *domus ecclesiae* di alcune famiglie cristiane.

Secondo la tradizione, in questo luogo avrebbero risieduto, non solo Paolo, ma anche Pietro e gli evangelisti Giovanni e Luca.

Dal primo secolo dopo Cristo, qui esistevano alcuni edifici pubblici e magazzini.

Che questo luogo possa essere

Colonna di Paolo (S. Maria in Via Lata)

stato punto d'incontro di tanti apostoli e discepoli di Gesù lo dimostra la devozione ad esso collegata da parte delle comunità cristiane di Roma.

Esso fu infatti trasformato probabilmente da papa Sergio I nel 700 d.C. in una diaconia, cioè in una chiesa che aveva anche un compito di assistenza spirituale e materiale alle comunità. Nel 1049 papa Leone IX ricostruì l'edificio, elevando la chiesa e trasformando quella paleocristiana in cripta.

La chiesa giunse allo stato attuale agli inizi del 1600, con l'intervento di Cosimo Fanzago e di Pietro da Cortona, a cui dobbiamo la facciata.

Ma è nei sotterranei della chiesa che troviamo le più significative memorie della tradizione di San Paolo.

Da una porta a sinistra dell'atrio si può accedere ad una serie di ambienti che furono accuratamente ripristinati e decorati da Pietro da Cortona, tra il 1658 e il 1662, proprio per ridare la dovuta dignità a questo luogo di memorie paoline.

Di quella sistemazione seicentesca oggi rimangono solo alcune parti a causa di successivi interventi di consolidamento.

Alcuni affreschi alto-medioevali

Pozzo di Paolo (S. Maria in Via Lata)

sono stati distaccati, ed oggi sono esposti nella *Crypta Balbi*, una delle sezioni del Museo Nazionale Romano. Ma le memorie di Paolo sono ancora lì.

Nel primo vano vediamo una colonna di granito (alta metri 2.30) con base e capitello corinzio, che fa memoria della prigionia di S. Paolo.

Sul fusto della colonna è diagonalmente inciso il passo dalla 2ª lettera a Timoteo: *"Verbum Domini non est alligatum – Ma la parola di Dio non è incatenata".*

Cripta S. Maria in Via Lata. Paolo, Pietro, Luca e Marziale (C. Fancelli)

Su un angolo dello stesso ambiente, vediamo il pozzo ottagonale da cui sarebbe scaturita, in seguito alle preghiere di S. Paolo, una fonte d'acqua alla quale per molti secoli i fedeli hanno attinto devotamente.

In un altro vano del sotterraneo è conservato un grande altare marmoreo con un bellissimo rilievo realizzato da Cosimo Fancelli a metà del 1600.

Dal fondo della parete emergono con forza le immagini di Paolo, Pietro e Luca, affiancato dal suo simbolo, il toro. Al centro della composizione, San Marziale.

Il messaggio spirituale

I doni e i carismi dello Spirito

Dopo duemila anni di storia cristiana, il nostro mondo "globale" si sente coinvolto da una cultura nella quale la fede e i valori dello spirito sono stati dimenticati, allontanati oppure negati. Nei grandi centri urbani della nostra società di benessere, le ideologie che propagano la libertà umana e l'autonomia della tecnica hanno spostato gli interrogativi del cuore umano su Dio e sul senso della vita a un livello secondario. La fede e la speranza cristiana sono ormai passate all'ambito della scelta individuale.

Il Papa Benedetto XVI nella sua enciclica "Spe salvi" conclude la sua analisi della situazione odierna dicendo: *"Se al progresso tecnico non corrisponde un progresso nella formazione etica dell'uomo, nella crescita dell'uomo interiore allora esso non è un progresso, ma una minaccia per l'uomo e per il mondo".*

È l'esperienza vissuta da tanti di noi oggi: siamo immersi in un mondo dove l'aggressività invadente causa in tutti noi uno stress continuo.

L'Apostolo Paolo, di fronte al paganesimo che lo circondava, invita i cristiani ad alzarsi al livello dello Spirito, e perciò nella lettera ai Galati presenta la via della fede come *la vita secondo lo Spirito: "Se vi lasciate guidare dallo Spirito... Il frutto dello Spirito invece è amore, gioia, pace, pazienza, benevolenza, bontà, fedeltà, mitezza, dominio di sé"* (Gal 5,18.22).

Il cristiano, mediante il Battesimo, riceve in dono un dinamismo interiore dello Spirito che trasforma l'egocentrismo autosufficiente del cuore umano in manifestazioni dell'amore che si dona.

Dio con il suo Spirito provvede ai fedeli doni e carismi.

I doni dello Spirito Santo sono disposizioni permanenti che rendono l'uomo docile a seguire le ispirazioni divine. Essi sono sette: sapienza, intelletto, consiglio, fortezza, scienza, pietà e timore di Dio. I carismi sono doni speciali dello Spirito Santo elargiti ai singoli per il bene degli uomini, per le necessità del mondo

A Malta Paolo esce indenne dal morso della vipera (Basilica S. Paolo – Roma)

e in particolare per l'edificazione della Chiesa, al cui Magistero spetta il loro discernimento.

Nella prima lettera ai Corinzi, l'Apostolo Paolo riconosce, dall'esperienza della comunità cristiana, che la vita secondo lo Spirito venga arricchita di questi doni speciali dello Spirito. In 1Cor 12,8-10 Paolo elenca la varietà dei doni, e mostra che lo Spirito suscita tra i cristiani vocazioni diverse. Tali vocazioni e doni personali, anche se sono tanto diversi, sono a servizio di tutta la Chiesa. Ogni cristiano animato dallo Spirito può e deve lavorare, in unione con gli altri cristiani, per arrivare alla libertà dei figli di Dio.

Informazioni utili per i pellegrini

S. MARIA IN VIA LATA	
Indirizzo	Via del Corso, 306 – 00186 Roma
Orari di apertura	**Cripta Paolina** In corso di definizione **Chiesa** Inverno 17.00 - 22.45 Estivo 18.00 - 22.45
Liturgie	Vespri alle 19,30 e S. Messa ore 20.00 tutti i giorni feriali e prefestivi Adorazione fino alle 22.45 S. Messa Festiva 10.30
Possibilità celebrazioni	Sì, nella Chiesa
Contatto	Rettore: Don Franco Amatori Tel. 06 83396276 - cell. 333 3332368 francoamatori@maclink.it
Servizi	N.d.
Accessibilità per persone con abilità ridotte	Nella cripta no
Fermate Open Bus Roma Cristiana ORP	Linea S. Pietro – Fermata n. 17 S. Marco Linea S. Paolo – Fermata n. 15 S. Marco
Fermate Atac	Bus 64/40/62/63/85/H

La Basilica e le catacombe di S. Sebastiano

Profilo storico

La Memoria degli Apostoli sulla Via Appia

Interno delle Catacombe di S. Sebastiano

In questo luogo, la tradizione cristiana ricorda la *Memoria Apostolorum*, un centro di devozione dedicato agli Apostoli Pietro e Paolo sorto nel III secolo d.C.

Ma come mai una memoria di Paolo e Pietro qui, quando i loro corpi riposavano sulla via Ostiense e sul Colle Vaticano?

Siamo sulla Via Appia, una delle più importanti vie consolari della Roma Antica.

Per questa stessa strada, era passato Paolo, arrivando a Roma per attendere il processo da lui voluto, davanti ai tribunali imperiali.

Le comunità di Roma, piene d'entusiasmo, gli erano andate incontro per dargli il benvenuto. Il suo desiderio di incontrare i cristiani di Roma, espresso nelle sue lettere, si era finalmente avverato.

Su questa strada, Pietro aveva incontrato Cristo, che lo aveva riportato a Roma ad accettare il martirio.

Ma questa è anche zona dominata dalla presenza delle catacombe.

Qui, nelle pareti di una vecchia cava di pozzolana, chiamata *ad catacumbas*, nei primi secoli dopo Cristo, erano stati realizzati vari sepolcri pagani e cristiani. Il nome stesso di questo luogo, diventò la parola che definiva tutti gli antichi cimiteri sotterranei, appunto le catacombe.

Nel primo secolo, i cristiani di Roma non avevano cimiteri propri. Nella prima metà del secondo secolo, alcune ricche famiglie cristiane misero a disposizione delle comunità le loro campagne. E qui s'incominciò a seppellire, su più piani sotterranei, sfruttando la particolare struttura geologica del terreno costituito da una pietra vulcanica, il tufo, facile da lavorare ma che diventa duro al contatto dell'aria. Si costruirono più di sessanta catacombe a Roma, con centinaia di chilometri di gallerie e decine di migliaia di tombe.

Le catacombe furono fondamentalmente luoghi di sepoltura. Tuttavia, poiché qui furono sepolti anche i martiri e i primi Papi, le catacombe attirarono i fedeli a pregare ed invocare la protezione di quei gloriosi testimoni della fede.

Siamo al tempo dell'imperatore Valeriano (253-260), che scatena una durissima persecuzione contro i cristiani.

I trofei di Pietro e Paolo sono noti alle autorità romane.

Modellino dei Triclia delle Catacombe di S. Sebastiano

Le invocazioni agli Apostoli (Catacombe di S. Sebastiano)

Nel timore di una profanazione delle loro sepolture, i cristiani di Roma trasferiscono di nascosto i corpi degli Apostoli Pietro e Paolo in questo luogo ritenendolo più protetto.

Inizia così in questo luogo sacro, dal 258 d.C. e per circa settanta anni, il culto dei Santi Pietro e Paolo ed il luogo prende il nome di *Memoria Apostolorum*.

Dalla ricerca archeologica sono emerse interessanti prove della particolarità di questo luogo. Sotto il pavimento dell'attuale basilica, sono state ritrovate delle sale (dette *triclia*), dove, secondo un antico uso romano, si svolgevano banchetti rituali, i cosiddetti *refrigeria* per i defunti. E questi banchetti furono sicuramente dedicati ai due Apostoli.

Infatti numerosi graffiti d'invocazione a Pietro e Paolo, scritti in latino, greco ed aramaico coprono le pareti dei *triclia*.

Tra gli esempi meglio conservati di questa devozione popolare possiamo ricordare quella che invoca: *"Paule ed Petre petite pro Victore" (Paolo e Pietro pregate per Vittore).*

Alcuni studiosi, pur non smentendo la tradizione di devozione agli apostoli in questo luogo, pensano che i corpi degli apostoli non siano mai stati rimossi dalle loro tombe.

Il pericolo per i cristiani di essere sorpresi a pregare sulla Via Ostiense o al Vaticano, avrebbe creato qui un centro di devozione sostitutivo in un luogo ritenuto di maggior sicurezza.

Su questo luogo, per opera di Costantino o di suo figlio, sorse una prima basilica nella prima metà del III secolo, che inglobò i *triclia*, ponendo, come segno di continuità sopra di essi, l'altare maggiore.

Nel cimitero era stato sepolto nel frattempo anche San Sebastiano, un soldato dell'esercito imperiale sotto Diocleziano martirizzato nel 304 e la memoria di questo martire prevalse progressivamente rispetto a quella dei due Apostoli.

Verso la fine dell'ottavo e l'inizio del nono secolo, i papi fecero trasferire le reliquie dei martiri e dei santi nelle chiese della città, per ragioni di sicurezza e tutte le catacombe vennero poco a poco abbandonate e dimenticate.

Quelle di San Sebastiano, invece rimasero sempre accessibili nei secoli.

S. Sebastiano (Basilica di S. Sebastiano)

In queste gallerie, ancora piene del ricordo degli Apostoli Pietro e Paolo, S. Filippo Neri, amava sostare e pregare, per notti intere da solo.

Nella Pentecoste del 1544 qui egli ebbe un'esperienza mistica decisiva per la sua vita: lo Spirito Santo in forma di globo di fuoco gli penetrò nel petto, lasciando segni fisici permanenti del passaggio dell'amore di Dio per lui.

Questo evento consacrò la sua missione di nuovo Apostolo di Roma.

Non a caso la Chiesa ha riconosciuto S. Filippo Neri compatrono di Roma accanto ai Ss. Apostoli Pietro e Paolo.

Il messaggio spirituale

L'UOMO NUOVO E LA VITA MORALE: LA FAMIGLIA E LA SOCIETÀ

Possiamo immaginare come vi si siano trovati i primi cristiani, qui a San Sebastiano, chi per caso, e felicemente sorpreso di incontrare fratelli in Cristo, chi per celebrare l'eucaristia settimanale, chi per venerare le spoglie di Pietro e di Paolo. È un luogo d'accoglienza, un centro d'incontro fraterno. Le porte sono aperte. Una casa per una grande famiglia, che diventa la casa di tutti. Quando una famiglia vive in armonia, ha le sue porte aperte. Ed è così che l'amico di un membro della famiglia diventa immediatamente amico di tutta la famiglia, e ognuno accoglie l'ospite del fratello come proprio ospite. San Sebastiano è senza dubbio un luogo di passaggio, ma non di ossa morte, bensì di persone vive, anzi, molto più che vive, perché sono "risorti con Cristo" (Col 3,1) e pronti per quell'ultimo transito attraverso la morte, verso la vita eterna. Una di queste persone è proprio Paolo, che è appunto di passaggio, nel suo viaggio verso il tribunale, perché si è appellato a Cesare, ed anche la sua stessa decapitazione. È, infatti, soltanto un passaggio, perché egli in realtà si è appellato a Cristo.

Ed è proprio Paolo che ci insegna la base della vita nuova: "Per me infatti il vivere è Cristo e il morire un guadagno" (Fil 1,21).

Quando Paolo vive la vita di Cristo, la vecchia "vita", schiava della legge e di una moralità esterna, muore: "Voi siete infatti morti" egli dice (Col 3,3). Il risultato è un modo di vivere che è nuovo: "Vi siete infatti spogliati dell'uomo vecchio con le sue azioni e avete rivestito il nuovo" (Col 3,9s). Ma sappiamo che il vecchio Adamo non semplicemente giace e muore!

La nuova vita è anche fatta di tensione che nasce dalla lotta fra l'egoismo e la grazia di Cristo. Questo combattimento Paolo l'ha capito bene. Ma il desiderio e la capacità di vivere con vero sentimento di carità, sia in famiglia che nella nostra società, sgorgano entrambi dalla gratitudine di un cuore toccato da Cristo.

La Pentecoste di S. Filippo Neri nelle Catacombe di S. Sebastiano (Chiesa Nuova – Roma)

Informazioni utili per i pellegrini

BASILICA E CATACOMBE DI SAN SEBASTIANO	
Indirizzo	Via Appia Antica, 136
Orari di apertura	**Basilica:** Lun. – Ven.: 8.00 – 17.30 Sab.: 8.00 – 19.00 Dom.: 7.00 – 13.00 / 14.30 – 17.30 **Catacombe:** Lun. – Sab.: 9.00 – 12.00 / 14.00 – 17.00 Chiusura annuale: 15 novembre – 15 dicembre Riposo: domenica
Liturgie	Feriale: 18.00 Festivi: 8.30, 10.00, 12.00 Sabato e prefestivi: 18.00
Celebrazioni per gruppi	Sì in Basilica
Contatto	**Basilica:** Padre Orazio Castorina (O.F.M.) Tel. 06 7808847 Fax 06 7843745 SanSebastianofuorileMura@VicariatusUrbis.org **Catacombe:** per prenotazioni visite Tel. 06 7850350 – Fax 06 7843745
Servizi	Toilette - Ristoro
Accessibilità per persone con abilità ridotte	Sì alla Chiesa – No alle Catacombe
Fermate Open Bus Roma Cristiana Orp	Dalla Linea S. Paolo, Fermata n. 8 (P.ta S. Paolo) connessione con il bus 218
Fermate Atac	Bus 118 – da Metro Piramide Bus 218 – da P.za S. Giovanni

Chiesa di S. Prisca all'Aventino

Profilo storico

Aquila e Priscilla, i fedeli collaboratori di Paolo

L'area dove sorge oggi la chiesa di S. Prisca è quella dove secondo la tradizione si trovava la casa dei Ss. Aquila e Prisca, due discepoli e collaboratori di S. Paolo.

Nei suoi viaggi missionari nel Mediterraneo, Paolo fu aiutato da molte persone, ma, tra tanti, i coniugi Aquila e Priscilla meritano un posto particolare.

Paolo, Aquila e Priscilla a Corinto (Basilica S. Paolo – Roma)

Paolo ne parla diverse volte nelle sue lettere (Rom.16, 3-5; 1ª Cor. 16, 19-20; 2ª Tim. 4,19) e Luca li ricorda negli Atti degli Apostoli (At 18).

Aquila e Priscilla erano di origine ebraica. Aquila proveniva dall'Anatolia, una zona dell'attuale Turchia, mentre Prisca (o Priscilla), era probabilmente un'ebrea di Roma.

I due coniugi avevano abbracciato la fede cristiana già a Roma negli anni 40, anzi la tradizione vuole che essi siano stati battezzati proprio da S. Pietro.

Nel 49-50 l'imperatore Claudio emette un editto che espelle gli ebrei da Roma, ma sono coinvolti

Interno di S. Prisca

dal provvedimento anche gli ebrei convertiti al cristianesimo come Aquila e Priscilla.

Essi si rifugiano a Corinto in Grecia e qui incontrano Paolo.

Come ci racconta Luca, Paolo si associa a loro poiché essi esercitavano lo stesso mestiere di tessitori di tende ed è accolto nella loro casa. In questi due anni passati a Corinto, nasce un rapporto profondo che li legherà per tutta la vita e le calde espressioni d'affetto che troviamo in tanti passi delle Lettere ne sono una viva testimonianza.

Essi seguono Paolo ad Efeso e quando questi decide si spostarsi in un'altra città per continuare la sua missione, chiede loro di restare per portare avanti l'evangelizzazione in Efeso, una città dove il paganesimo aveva forti radici, anche per la presenza dei grandi culti a Diana. Essi qui rafforzarono nella fede tanti cristiani, tra cui Apollo, un uomo colto che divenne a sua volta attivo apostolo del Vangelo.

Essi aprirono la loro casa alle comunità cristiane di Efeso per ascoltare la Parola di Dio e per celebrare l'Eucaristia (1ª Cor 16,19).

Tornati in seguito a Roma, Aquila e Priscilla continuarono a svolgere questa preziosissima funzione di accoglienza anche nella capitale

La cripta di S. Prisca

dell'Impero. Infatti Paolo, scrivendo ai Romani, manda questo preciso saluto: «*Salutate Prisca e Aquila, miei collaboratori in Cristo Gesù; per salvarmi la vita essi hanno rischiato la loro testa, e ad essi non io soltanto sono grato, ma tutte le Chiese dei Gentili; salutate anche la comunità che si riunisce nella loro casa*» (Rm 16,3-5).

Infatti i coniugi avevano rischiato la vita intervenendo in suo favore durante una sua prigionia, forse nella stessa Efeso (2ª Cor 1,8-9).

Tuttavia dovettero lasciare nuovamente Roma, probabilmente per la persecuzione di Nerone e si stabilirono un'altra volta ad Efeso, se Paolo li saluta in quella città nella sua ultima lettera (2ª Tim. 4,19).

Non sappiamo come essi conclusero la loro vita nella fede. Secondo alcune fonti, essi morirono martiri per impiccagione in Asia Minore. Negli *Acta Sanctorum* invece si attesta che Aquila e Prisca subirono il martirio a Roma e vennero sepolti in una catacomba di Roma. Da antichi documenti alcuni studiosi hanno desunto che verso la metà del sec. IX, le reliquie di questi coniugi vennero trasportate e custodite nella Chiesa dei SS. Quattro Coronati, al Celio.

Anche se al momento le ricerche archeologiche condotte nella zona non hanno portato a ritrovamenti della casa dei Ss. Aquila e Priscilla, non c'è dubbio che qui la tradizione abbia associato questo luogo ai due discepoli di S. Paolo.

Questa chiesa, costruita tra il IV ed il V secolo da papa Onorio I per onorare un'altra santa vergine e martire che porta anche lei il nome di Prisca (qualche studioso l'ha voluta anzi identificare come figlia dei due coniugi), intorno al VII secolo essa viene associata sicuramente al *titulus Aquilae et Priscae.*

L'esempio dei Ss. Aquila e Priscilla e l'impegno missionario da loro assunto nella Chiesa nascente, rivestono un grande significato anche per l'attuale cammino della Chiesa, che vede nella famiglia una via preferenziale per la nuova evangelizzazione.

Il messaggio spirituale

LA VITA DELLE COMUNITÀ CRISTIANE

«Salutate Prisca e Aquila, miei collaboratori in Cristo Gesù... salutate anche la comunità che si riunisce nella loro casa» (Rm 16, 3-5).

Quale straordinario elogio dei due coniugi in queste parole! E a tesserlo è nientemeno che l'apostolo Paolo. Egli riconosce esplicitamente in loro due veri ed importanti collaboratori del suo apostolato. A Roma, Aquila e Priscilla svolsero, come in altre parti, la coraggiosa funzione di ospitare i fratelli nella fede per le assemblee. In questa chiesa, edificata sul luogo della casa di Aquila e Priscilla, madre di Prisca, decapitata sotto l'Imperatore Claudio, nel III secolo già esisteva un oratorio di culto, che venne assorbito dalla costruzione della *domus ecclesiae* attestata dal V secolo come *titulus Priscae*.

San Paolo, quando elenca i nomi dei suoi collaboratori, ci rivela la concezione che i primi cristiani avevano di ogni comunità, di famiglia cristiana, quale *ecclesia domestica*.

Ogni casa può trasformarsi in una piccola chiesa, nel senso che tutta la vita familiare, in base alla fede, è chiamata a ruotare intorno all'unica signoria di Gesù Cristo. Non a caso San Paolo paragona il rapporto matrimoniale alla comunione sponsale che intercorre tra Cristo e la Chiesa, quando dice: «Questo mistero è grande; lo dico in riferimento a Cristo e alla Chiesa!» (cfr Ef 5, 32). L'Apostolo ritiene che la vita della Chiesa intera sia il modello per quella della famiglia, perché la Chiesa, in realtà, è la famiglia di Dio.

San Paolo ringrazia tutti quei cristiani che hanno fatto del loro meglio per la crescita della Chiesa, e lo fa non soltanto a titolo personale, ma pure a nome delle altre Chiese, perché la fede cristiana è cresciuta e si è diffusa non solo grazie agli Apostoli che l'annunciavano, ma anche per l'opera dei fedeli laici. Noi sulle orme di San Paolo, in questa chiesa di Santa Prisca e ovunque, dobbiamo esprimere sempre questa gratitudine, imitando la loro saldezza nella fede ed il loro coraggio per difenderla fino alla morte, poiché grazie a quella fede e all'impegno apostolico di tanti laici delle primitive comunità di battezzati, il cristianesimo è giunto alla nostra generazione; a loro il merito d'aver offerto l'"humus" necessario

L'addio agli anziani di Efeso (Basilica S. Paolo – Roma)

per la crescita della fede. L'esempio di questi cristiani della prima ora, modelli di una vita responsabilmente impegnata a servizio di tutta la comunità cristiana, ci rinforzi e ci spinga a vivere con tenacia e valore la nostra identità cristiana nel nostro *hic et nunc*.

Informazioni utili per i pellegrini

CHIESA DI S. PRISCA ALL'AVENTINO	
Indirizzo	Via di S. Prisca, 11 - 00153 Roma
Orari d'apertura	Feriali 7.30-12.00 16.30-19.00
Liturgie	Ss. Messe Inverno (Ottobre-Maggio) Feriali: 8.00-18.00 Prefestivi: 8.00-18.00 Festivi: 8.00-10.30-12.00-18.00 Ore 17.30 S. Rosario Estate (Giugno-Settembre) Feriali: 8.00-*19.00 (*solo giugno) Prefestivi: 8.00-19.00 Festivi: 8.00-11.00-19.00 Ore 18.30 S. Rosario
Celebrazioni per gruppi	Sì
Contatto	Padre Antonio Lombardi (P. Agostiniani)
N. telefono e fax	065743789
E-mail	s.prisca@tiscali.it
Sito web	http://web.tiscalinet.it/SantaPrisca
Servizi	Toilette
Accessibilità per persone con abilità ridotte	Sì in chiesa
Fermate Open Bus Roma Cristiana ORP	Linea S. Paolo Fermata n. 8 Porta S. Paolo Linea S. Pietro Fermata n.15 S. Sabina
Fermate Atac	Metro A – Circo Massimo Bus 81, 715, 628

Il Carcere Mamertino

Profilo storico

L'ULTIMA PRIGIONE

Il Carcere Mamertino è il luogo dove secondo la tradizione gli Apostoli Pietro e Paolo vissero i loro ultimi giorni prima di essere martirizzati.

Carcere Mamertino è il nome d'origine medievale dato al *Carcer Tullianum*, il più antico carcere di Roma, per molti secoli prigione di massima sicurezza per i nemici di Roma in attesa di esecuzione.

Esso consiste di due piani sovrapposti realizzati alle pendici meridionali del Campidoglio nei pressi del Foro.

Il più profondo, detto *Tullianum*, è il più antico. Esso risale, infatti, al VII sec. a.C., e fu scavato nella cinta muraria del periodo regio che proteggeva il Campidoglio.

Carcere Mamertino: bassorilievo Paolo e Pietro in prigionia

Il secondo, al piano superiore, detto *Carcer*, secondo gli archeologi, sorge un secolo dopo, nel VI secolo, ma viene più volte ristrutturato nel periodo repubblicano ed agli inizi dell'impero, quando viene, tra l'altro, realizzata una grande

Paolo e Pietro battezzano i carcerieri. Altare del Tullianum (Carcere Mamertino)

facciata in travertino che rende il luogo ben visibile agli occhi della città.

La posizione di questo carcere era strategica. Posto ai piedi del Campidoglio e davanti al Foro, centro della vita pubblica, esso era chiaro simbolo ammonitore dell'implacabile giustizia di Roma contro i suoi nemici.

Molti personaggi storici sono stati qui rinchiusi e vi hanno perso la vita per strangolamento o decapitazione: basti ricordare Giugurta, re della Numidia nel 104 a.C. e Vercingetorige, il re dei Galli nel 46 a.C.

Molti storici romani narrano dell'orrore che questo luogo suscitava e delle terribili sofferenze ed umiliazioni inflitte a quelli che il destino portava qui.

Non abbiamo prove storiche di fonte romana che Pietro e Paolo siano stati incarcerati qui.

Ma negli Atti dei Beati Apostoli Pietro e Paolo si narra che, portati in giudizio davanti a Nerone, furono messi in carcere in attesa della loro condanna.

Per la loro posizione d'indiscusse figure carismatiche delle comunità cristiane di Roma, è probabile che essi possano essere stati portati in questo carcere.

Durante la loro permanenza nel carcere, gli Apostoli riuscirono a convertire i loro carcerieri Processo e Martiniano ed altri compagni di prigionia.

I due apostoli fecero scaturire miracolosamente una polla d'acqua e li battezzarono.

Da questo luogo è iniziato il loro cammino verso il martirio: Pietro verso il Circo di Nerone, nella zona

Altare del Carcer (Carcere Mamertino)
Sotto: il Tullianum del Carcere Mamertino

La colonna e la sorgente nel Tullianum (Carcere Mamertino)

del colle Vaticano, e Paolo, verso le *Aquae Salviae*, sulla Via Laurentina.

Ma nello stesso carcere, dopo Pietro e Paolo, tanti altri cristiani hanno atteso il loro martirio.

Quando il carcere perde la sua funzione di prigionia, esso diventa un luogo di fede: entrambi gli ambienti furono convertiti in cappelle ed inizia la devozione agli Apostoli.

Gli studiosi parlano della trasformazione del carcere in chiesa (col nome di *San Pietro in carcere*) nel IV secolo per volere di papa Silvestro I.

Da altri documenti storici, emerge come Papa Paolo I (757-767), fece ricostruire una chiesa intitolata ai SS. Pietro e Paolo in via Sacra.

Un frammento d'affresco che raffigura la mano di Dio benedicente fiancheggiata dalla figura di un santo, ancora oggi visibile su una parete del Tullianum, risale proprio all'VIII secolo.

La trasformazione in luogo di culto ha permesso al Carcere Mamertino (come per il Pantheon) di rimanere intatto nei secoli, senza subire il degrado sofferto da altri monumenti romani.

Nel XVI secolo, sopra il Carcere fu costruita un nuova chiesa dedicata a S. Giuseppe Falegname ed una cappella dedicata al S.mo Crocefisso, proprio a contatto del *Carcer*, che oggi permette ai fedeli di sostare in preghiera.

Ma entriamo ora nel Mamertino. Una rampa di scale che costeggia la facciata in travertino dell'antico carcere, ci porta nel *Carcer*, il livello superiore. Di fronte a noi un altare custodisce due immagini in bronzo di Pietro e Paolo.

Un foro circolare nel pavimento ci collega visivamente al piano inferiore.

Sulla sinistra, una stretta scala permette di scendere al *Tullianum*.

La leggenda vuole che san Pietro, scendendo, cadde, battendo il capo contro la parete, lasciando in tal modo la propria impronta nella pietra.

Il *Tullianum*, con il suo basso soffitto e le sue pareti umide, ancora oggi ci può dare un' idea dell'orrore di questo luogo, dove venivano stipate decine di persone.

Al centro, vediamo l'altare con un bellissimo rilievo bronzeo che ritrae il battesimo dei carcerieri e dei prigionieri da parte degli Apostoli.

A fianco, una colonna alla quale, secondo la tradizione, furono legati gli Apostoli.

Sul pavimento, si apre la fonte d'acqua, ancora funzionante, sgorgata qui per intercessione degli apostoli.

Sulla parete di sinistra, vediamo quanto rimane dell'affresco dell'VIII secolo con l'immagine di Dio benedicente.

Oggi il luogo non ci trasmette più la paura, bensì una pace profonda, perché qui la fede in Cristo risorto ha vinto la morte.

Il messaggio spirituale

La sofferenza e la testimonianza del cristiano

Il carcere è luogo così spesso frequentato da Paolo, che egli, scrivendo ai suoi discepoli, può presentarsi loro come *«prigioniero di Cristo, in favore dei pagani»* (Ef 3,1).

Per l'Apostolo, le catene che porta per il Signore, sono ornamento di cui vantarsi; sono lo strumento

Processo e Martiniano battezzati dagli Apostoli (Basilica S. Paolo – Roma)

che suscita emulazione nei suoi figli spirituali (cfr. Fil 1,13-17).

L'atteggiamento che l'Apostolo ha verso la limitazione coatta della sua libertà, è lo stesso che ritroviamo in lui di fronte ad ogni tipo di sofferenza. In questo senso egli scrive ai Colossesi, dicendosi *«lieto delle sofferenze che sopporta per loro, perché così completa nella sua carne quello che manca ai patimenti di Cristo, a favore del suo corpo che è la Chiesa»* (Col 1,24).

Paolo, *il predicatore della grazia*, sa bene che la croce di Cristo ha salvato tutti gli uomini, ma sa anche che senza il libero e personale sì di ciascuno, la redenzione resta inefficace. Ecco perché si getta nell'impegno della predicazione, affrontando fatiche, prigionie, percosse, battiture, lapidazioni, naufragi e ogni altro pericolo, mosso solo *«dall'assillo quotidiano: la preoccupazione per tutte le Chiese»* (cfr. 2Cor 11,23-28). Per ottenere da tutti l'assenso della fede che salva, Paolo affronta ogni difficoltà, *«facendo tutto per il Vangelo»* (1Cor 9,23).

Dunque, l'Apostolo non ama né cerca la sofferenza per se stessa; egli ama il Cristo, dal quale si sente amato e salvato, e vorrebbe che tutti lo imitassero in questo; a tal

Paolo converte il carceriere durante la sua prigionia a Filippi (Basilica S. Paolo – Roma)

fine accetta di pagare lo scotto della sofferenza.

Cosa dice tutto ciò a noi, oggi, pellegrini sulle orme dell'apostolo delle Genti?

Che anche noi siamo chiamati a credere che *«il Figlio di Dio mi ha amato e ha dato se stesso per me»* (Gal 2,20). E questo ci spinge a corrispondergli con una degna condotta di vita; anzi, diventare noi pure, nell'ambiente in cui viviamo, missionari del Vangelo che ci è stato annunciato. E se ciò vorrà dire, spesso, andare controcorrente rispetto al modo di pensare dei più, e conseguentemente incontrare difficoltà e sofferenze, non dovremo sgomentarci. Facendo nostra l'esperienza di san Paolo, ci affideremo a Gesù, e anche noi sentiremo dirci: *«Ti basta la mia grazia, la mia potenza, infatti, si manifesta pienamente nella tua debolezza»* (2Cor 12,9).

Informazioni utili per i pellegrini

CARCERE MAMERTINO	
Indirizzo	Via di S. Pietro in Carcere
Orari di apertura	**Carcere** Inverno 9.00-17.00 Estate 9.00-18.00 **Cappella del S.mo Crocifisso** 07.00-12.30 / 15.30-17.00
Liturgie	S. Messa Feriali ore 7.30 Festivi (novembre-marzo) ore 11.00
Celebrazioni per gruppi	Sì, nella Cappella del S.mo Crocefisso
Contatto	Padre Ettore (Oblati di Maria Vergine)
N. telefono	06 6792902
Servizi	N.d.
Accessibilità per persone con abilità ridotte	Esclusa per il Carcere
Fermate Open Bus Roma Cristiana ORP	Linea San Pietro-Fermata n. 14 Ss. Cosma e Damiano (Via dei Fori Imperiali) (escluso domeniche e festivi) Linea S. Pietro e S. Paolo - Fermate 15 e 17 San Marco (Piazza Venezia)
Fermate Atac	Metro A Colosseo Bus 64, 40, 60, 84, 85

Sussidi per le liturgie

In questa parte abbiamo inserito alcuni sussidi utili per i pellegrini che vogliano celebrare la S. Messa od organizzare momenti di riflessione e di preghiera durante questo itinerario paolino.

SANTA MESSA

Antifona d'Ingresso 2 Tm 1,12; 4,8

Io so a chi ho creduto,
e sono certo che egli,
giusto giudice,
è capace di custodire
il mio deposito
fino all'ultimo giorno.

Colletta

O Dio, che hai illuminato tutte le genti con la parola dell'apostolo Paolo, concedi anche a noi, che oggi ricordiamo la sua conversione, di essere testimoni della tua verità e di camminare sempre nella via del Vangelo. Per il nostro Signore...

LITURGIA DELLA PAROLA

Prima Lettura At 22,3-16

Alzati, ricevi il battesimo e làvati dai tuoi peccati, invocando il nome di Gesù.

Dagli Atti degli Apostoli

In quei giorni, Paolo disse al popolo: «Io sono un Giudeo, nato a Tarso di Cilìcia, ma cresciuto in questa città, formato alla scuola di Gamalièle nelle più rigide norme della legge paterna, pieno di zelo per Dio, come oggi siete tutti voi. Io perseguitai a morte questa nuova dottrina, arrestando e gettando in prigione uomini e donne, come può darmi testimonianza il sommo sacerdote e tutto il collegio degli anziani. Da loro ricevetti lettere per i nostri fratelli di Damasco e partii per condurre anche quelli di là come prigionieri a Gerusalemme, per essere puniti. Mentre ero in viaggio e mi avvicinavo a Damasco, verso mezzogiorno, all'improvviso una gran luce dal cielo rifulse attorno a me; caddi a terra e sentii una voce che mi diceva: Sàulo, Sàulo, perché mi perseguiti? Risposi: Chi sei, o

Signore? Mi disse: Io sono Gesù il Nazareno, che tu perseguiti. Quelli che erano con me videro la luce, ma non udirono colui che mi parlava. Io dissi allora: Che devo fare, Signore? E il Signore mi disse: Alzati e prosegui verso Damasco; là sarai informato di tutto ciò che è stabilito che tu faccia.

E poiché non ci vedevo più, a causa del fulgore di quella luce, guidato per mano dai miei compagni, giunsi a Damasco.

Un certo Ananìa, un devoto osservante della legge e in buona reputazione presso tutti i Giudei colà residenti, venne da me, mi si accostò e disse: Sàulo, fratello, torna a vedere! E in quell'istante io guardai verso di lui e riebbi la vista.

Egli soggiunse: Il Dio dei nostri padri ti ha predestinato a conoscere la sua volontà, a vedere il Giusto e ad ascoltare una parola dalla sua stessa bocca, perché gli sarai testimone davanti a tutti gli uomini delle cose che hai visto e udito. E ora perché aspetti? Alzati, ricevi il battesimo e lavati dai tuoi peccati, invocando il suo nome.

In alternativa:

Prima Lettura At 9,1-22
Signore, che vuoi che io faccia?

Dagli Atti degli Apostoli
In quei giorni, Sàulo frattanto, fremente minaccia e strage contro i discepoli del Signore, si presentò al sommo sacerdote e gli chiese lettere per le sinagòghe di Damasco al fine di essere autorizzato a condurre in catene a Gerusalemme uomini e donne, seguaci della dottrina di Cristo, che avesse trovati.

E avvenne che, mentre era in viaggio e stava per avvicinarsi a Damasco, all'improvviso lo avvolse una luce dal cielo e cadendo a terra udì una voce che gli diceva: «Sàulo, Sàulo, perché mi perseguiti?». Rispose: «Chi sei, o Signore?». E la voce: «Io sono Gesù, che tu perseguiti! Orsù, àlzati ed entra nella città e ti sarà detto ciò che devi fare».

Gli uomini che facevano il cammino con lui si erano fermati ammutoliti, sentendo la voce ma non vedendo nessuno. Sàulo si alzò da terra ma, aperti gli occhi, non vedeva nulla. Così, guidandolo per mano, lo condussero a Damasco, dove rimase tre giorni senza vedere e senza prendere né cibo né bevanda.

Ora c'era a Damasco un discepo-

lo di nome Ananìa e il Signore in una visione gli disse: «Ananìa!». Rispose: «Eccomi, Signore!». E il Signore a lui: «Su, va' sulla strada chiamata Diritta, e cerca nella casa di Giuda un tale che ha nome Sàulo, di Tarso; ecco sta pregando, e ha visto in visione un uomo, di nome Ananìa, venire e imporgli le mani perché ricuperi la vista». Rispose Ananìa: «Signore, riguardo a quest'uomo ho udito da molti tutto il male che ha fatto ai tuoi fedeli in Gerusalemme. Inoltre ha l'autorizzazione dai sommi sacerdoti di arrestare tutti quelli che invocano il tuo nome».
Ma il Signore disse: «Va', perché egli è per me uno strumento eletto per portare il mio nome dinanzi ai popoli, ai re e ai figli di Israele; e io gli mostrerò quanto dovrà soffrire per il mio nome».
Allora Ananìa andò, entrò nella casa, gli impose le mani e disse: «Sàulo, fratello mio, mi ha mandato a te il Signore Gesù, che ti è apparso sulla via per la quale venivi, perché tu riacquisti la vista e sia colmo di Spirito Santo». E improvvisamente gli caddero dagli occhi come delle squame e ricuperò la vista; fu subito battezzato, poi prese cibo e le forze gli ritornarono.
Rimase alcuni giorni insieme ai discepoli che erano a Damasco, e subito nelle sinagoghe proclamava Gesù Figlio di Dio. E tutti quelli che lo ascoltavano si meravigliavano e dicevano: «Ma costui non è quel tale che a Gerusalemme infieriva contro quelli che invocano questo nome ed era venuto qua precisamente per condurli in catene dai sommi sacerdoti?». Sàulo frattanto si rinfrancava sempre più e confondeva i Giudei residenti a Damasco, dimostrando che Gesù è il Cristo.

Salmo Responsoriale
Salmo 116

Proclamerò ai popoli il nome del Signore.

Lodate il Signore, popoli tutti.
voi tutte, nazioni, dategli gloria.

Forte è il suo amore per noi e la fedeltà del Signore dura in eterno.

Canto al Vangelo

Alleluia, alleluia.
Andate in tutto il mondo,
dice il Signore,
e predicate il mio vangelo
Alleluia.

Vangelo Mc 16,15-18

Andate in tutto il mondo e predicate il vangelo.

Dal vangelo secondo Marco
In quel tempo, apparendo agli Undici, Gesù disse loro: «Andate in tutto il mondo e predicate il vangelo ad ogni creatura. Chi crederà e sarà battezzato sarà salvo, ma chi non crederà sarà condannato. E questi saranno i segni che accompagneranno quelli che credono: nel mio nome scacceranno i demòni, parleranno lingue nuove, prenderanno in mano i serpenti e, se berranno qualche veleno, non recherà loro danno; imporranno le mani ai malati e questi guariranno».

Sulle Offerte

Accogli, o Padre, il nostro sacrificio, e fa' che lo Spirito Santo illumini la tua Chiesa con quella fede che animò san Paolo e lo fece missionario e apostolo delle genti. Per Cristo nostro Signore.

Prefazio degli Apostoli II

È veramente cosa buona e giusta, nostro dovere e fonte di salvezza, rendere grazie sempre e in ogni luogo a te, Signore, Padre Santo, Dio onnipotente ed eterno,
per Cristo nostro Signore.

Tu hai stabilito la tua Chiesa sul fondamento degli Apostoli, perché sia, attraverso i secoli, segno visibile della tua santità, e in nome tuo trasmetta agli uomini le verità che sono via al cielo.

Per questo mistero di salvezza, uniti a tutti gli angeli, proclamiamo nel canto la tua gloria.

Santo, Santo, Santo...

Antifona alla Comunione Gal 2,20

Io vivo nella fede del Figlio di Dio, che mi ha amato e ha dato se stesso per me.

Dopo la Comunione

Il sacramento che abbiamo ricevuto, Signore Dio nostro, comunichi anche a noi l'ardore di carità dell'apostolo Paolo, che portava nel suo cuore la sollecitudine per tutte le Chiese. Per Cristo nostro Signore.

LE BENEDIZIONI

ALL'INIZIO DEL PELLEGRINAGGIO

+ Nel nome del Padre e del Figlio e dello Spirito Santo.

R. Amen.

SALUTO

Dio, che salva e consola, sia con tutti voi.
R. E con il tuo spirito.

MONIZIONE INTRODUTTIVA

Carissimi, all'inizio del nostro pellegrinaggio richiamiamo alla mente con quale animo abbiamo maturato questo proposito. Il santuario che desideriamo visitare attesta la devozione del popolo di Dio e dei fedeli che vi accorrono da ogni parte per ritornare confermati nella vita cristiana, e stimolati alle opere di carità. Ma anche ai fratelli e alle sorelle che incontreremo in quei luoghi dobbiamo portare in dono l'esempio della nostra fede, speranza e carità, perché tutti insieme, residenti e pellegrini, possiamo arricchirci nella mutua edificazione.

LETTURA DELLA PAROLA DI DIO

Testi della Sacra Scrittura suggeriti:
2 Cor 5,6b-10
Is 2,2-5
Eb 10,19-25
1 Pt 2,4-12
Lc 2,41-51
Lc 24,13-35

RESPONSORIO

Si può cantare o recitare un salmo responsoriale

Sal 23 (24) 1-2 3-4 5-6
R. Noi cerchiamo il tuo volto, Signore.
Sal 26, (27) 1 4 13-14
R. Una cosa ho chiesto al Signore: abitare nella sua casa.

BREVE ESORTAZIONE

Secondo l'opportunità, il ministro rivolge brevi parole ai presenti

PREGHIERA DEI FEDELI

Invochiamo con fede Dio, principio e fine di tutte le strade.

R. Guida, Signore, il nostro cammino.

Padre santo, che al tuo popolo pellegrinante nel deserto ti offristi come luce e guida, veglia sui nostri passi, perché, liberi da ogni pericolo, possiamo arrivare alla mèta e tornare lieti alle nostre case. R.

Tu ci hai dato il tuo unico Figlio come via per giungere a te, fa' che lo seguiamo sempre con fedeltà e perseveranza. R.

Tu in Maria sempre Vergine ci hai donato l'immagine e il modello della sequela di Cristo, fa' che guardando a lei camminiamo in perenne novità di vita. R.

Tu per mezzo dello Spirito Santo conduci a te la Chiesa pellegrina nel mondo, fa' che cercandoti sopra ogni cosa corriamo nella via dei tuoi precetti. R.

Tu ci chiami a te attraverso i sentieri della giustizia e della pace, fa' che al termine della vita possiamo contemplarti nella patria beata. R.

Segue la preghiera del Signore: Padre nostro.

PREGHIERA DI BENEDIZIONE

Dio onnipotente e misericordioso, tu provvedi a chi ti ama e sempre e dovunque sei vicino a chi ti cerca con cuore sincero; assisti i tuoi figli nel pellegrinaggio e guida i loro passi nella tua volontà, perché, protetti dalla tua ombra nel giorno e illuminati dalla tua luce nella notte possano giungere alla mèta desiderata.
Per Cristo nostro Signore.
R. Amen.

CONCLUSIONE

Dio nostra salvezza ci guidi nella prosperità e nella pace.
R. Amen.

Il Signore ci assista e ci accompagni nel cammino.
R. Amen.

Con l'aiuto del Signore giunga felicemente a termine questo pellegrinaggio che iniziamo nel suo nome.
R. Amen.

AL TERMINE DEL PELLEGRINAGGIO

INIZIO
Nel nome del Padre e del Figlio e dello Spirito Santo.
R. Amen.

SALUTO
Il Dio di ogni speranza e consolazione vi riempia di pace e gioia nello Spirito Santo.
R. Amen.

MONIZIONE INTRODUTTIVA

Rendiamo gloria a Dio che ci dona un particolare tempo di grazia. Dopo aver visitato questi luoghi benedetti, siamo impegnati a rinnovare tutta la nostra vita. I santuari sono segno di una casa non costruita da mano d'uomo, cioè il corpo di Cristo di cui siamo pietre vive e scelte, edificate su di lui, pietra angolare. Tornando alle nostre case dobbiamo vivere in conformità alla nostra vocazione, in virtù della quale siamo stirpe eletta, regale sacerdozio, nazione santa, popolo che Dio si è acquistato. A noi egli affida la missione di annunziare la potenza di Cristo, che ci ha chiamati dalle tenebre alla sua splendida luce.

LETTURA DELLA PAROLA DI DIO

Testi della Sacra Scrittura suggeriti:
1 Cr 29,9-18
At 8,26-35
Eb 13,12-21
Lc 24,28-35
Gv 5,1-15
Gv 9,1-38

RESPONSORIO

Sal 83 (84), 3-4 5-6 7-8
R. Com'è dolce, o Signore, abitare la tua casa!
Sal 121 (122), 1-3 4-5 6-7 8-9
R. Andiamo con gioia alla casa del Signore.

BREVE ESORTAZIONE
Secondo l'opportunità, il ministro rivolge brevi parole ai presenti

PREGHIERA DEI FEDELI
Dio Padre, Signore del cielo e della terra, ha voluto che nell'umanità di Cristo abitasse la pienezza della divinità.
A lui rivolgiamo la nostra preghiera.

R. Guarda dal tuo santuario e benedici il tuo popolo, Signore.

Padre santo, tu hai prefigurato nel cammino dell'esodo la via della salvezza per il tuo popolo, fa' che rientrando nella vita quotidiana, aderiamo a te con cuore aperto e animo generoso. R.

Tu hai costituito la Chiesa come tuo santuario, perché irradi nel mondo la luce vera, fa' che le moltitudini affluiscano a lei da ogni parte della terra per camminare nelle tue vie. R.

Tu ci ricordi che non è qui la nostra città permanente, fa' che tendiamo costantemente alla patria futura. R.

Tu ci aiuti a discernere in ogni fase del cammino i segni della tua presenza, fa' che sentiamo accanto a noi il tuo Figlio lungo la via e lo riconosciamo alla mensa nello spezzare il pane. R.

Segue la preghiera del Signore.
Padre nostro.

PREGHIERA DI BENEDIZIONE

Benedetto sei tu, Dio, Padre del Signore nostro Gesù Cristo, che hai scelto fra tutte le nazioni un popolo a te consacrato e dedito alle opere buone, tu hai toccato il cuore dei tuoi fedeli, perché aderiscano a te con nuovo impegno e fervore:
effondi su di loro l'abbondanza delle tue benedizioni, perché rientrando alle proprie case proclamino con gioia, in parole e opere, le tue meraviglie.
Per Cristo nostro Signore.
R. Amen.

CONCLUSIONE

Il Signore del cielo e della terra, che vi ha accompagnato in questo pellegrinaggio, vi custodisca sempre con la sua protezione.
Dio, Padre di misericordia, che in Cristo Gesù ha riunito i figli dispersi, vi conceda di essere in lui un cuore solo e un'anima sola.
R. Amen.
Dio, che nel suo provvidenziale disegno attua in voi il volere e l'operare, vi benedica e vi confermi con il suo Santo Spirito.
R. Amen.

LE PREGHIERE

UNA PREGHIERA PER L'APOSTOLO PAOLO

Glorioso San Paolo,
Apostolo pieno di zelo,
Martire per amore del Cristo,
dai a noi una fede profonda,
una speranza incrollabile,
un amore ardente per il Signore
affinché possiamo dire con te:
"Non sono più io che vivo,
ma Cristo vive in me".
Aiutaci a diventare apostoli
che servono la Chiesa
con una coscienza pura,
testimoni della sua verità
e della sua bellezza
in mezzo alle oscurità
del nostro tempo.
Con te lodiamo Dio nostro Padre,
«A lui la gloria, nella Chiesa e nel
Cristo per tutti i secoli dei secoli».
Amen

LITANIE IN ONORE DI S. PAOLO

Carità di Dio Padre, *salvaci*
Grazia del Signore
nostro Gesù Cristo, *vivificaci*
Comunicazione
dello Spirito Santo, *santificaci*
Beatissimo Paolo,
prega per noi
Tu, che hai conseguito
la misericordia di Dio,
prega per noi
Tu, in cui si è rivelato
il Figlio di Dio,
prega per noi
Tu, che fosti vaso
di elezione per Cristo,
prega per noi
Tu, che sei stato posto
quale predicatore, apostolo
e dottore delle genti
nella verità,
prega per noi
Tu, il cui apostolato
fu confermato da prodigi
e portenti,
prega per noi
Tu, che fosti fedelissimo
ministro della Chiesa,
prega per noi
Tu, che hai dato ai popoli
il Vangelo di Cristo
e la tua vita,
prega per noi
Tu, che portavi i cristiani
nel tuo cuore
e nelle tue catene,
prega per noi
Tu, che fosti crocifisso
con Cristo,
prega per noi

Tu, in cui viveva
e operava Cristo,
prega per noi
Tu, che non potevi
venir separato dalla carità
di Cristo,
prega per noi
Tu, che hai sopportato
prigionia e travagli,
prega per noi
Tu, che hai sofferto
ferite e pericoli,
prega per noi
Tu che, vivente ancora,
fosti rapito fino al paradiso,
prega per noi
Tu, che hai glorificato
il tuo ministero,
prega per noi
Tu che, consumata
la tua missione, aspettasti
la corona di gloria,
prega per noi
Agnello di Dio,
che hai convertito
Paolo persecutore,
usaci misericordia
Agnello di Dio,
che hai coronato
Paolo apostolo,
ascoltaci
Agnello di Dio,
che hai glorificato
Paolo martire,
abbi pietà di noi

V. Tu sei strumento eletto, o san Paolo apostolo.
R. *Predicatore della verità nel mondo intero.*

Preghiamo

Signore, nostro Dio, che hai scelto l'apostolo Paolo per diffondere il tuo Vangelo, fa' che ogni uomo sia illuminato dalla fede che egli annunziò davanti ai re e alle nazioni, e la tua Chiesa si manifesti sempre come madre e maestra dei popoli.
Per Cristo nostro Signore. Amen

CORONCINA A SAN PAOLO

1. Ti benedico, Signore Gesù,
per la grande misericordia
concessa a san Paolo
nel mutarlo da fiero
persecutore
in ardente apostolo
della Chiesa.
E tu, o grande santo,
ottienimi un cuore docile
alla grazia,
la conversione dai miei peccati
e una piena adesione
a Gesù Cristo.

San Paolo apostolo:
prega per noi.

2. Ti benedico, o Gesù,
per aver eletto l'apostolo Paolo
a modello e predicatore
di una vita totalmente dedita
a te e agli uomini.
E tu, o san Paolo,
custodisci la mia mente,
il mio cuore,
i miei sensi,
perché possa conoscere,
amare, servire soltanto Gesù,
e conservare alla sua gloria
tutte le mie forze.

San Paolo apostolo:
prega per noi.

3. Ti benedico, o Gesù,
per aver dato per mezzo
di san Paolo
esempi ed insegnamenti
di perfetta obbedienza.
E tu, o grande santo,
ottienimi umile docilità
alla volontà di Dio,
sicuro che nell'obbedienza
troverò la fonte
della vera gioia.

San Paolo apostolo:
prega per noi.

4. Ti benedico, o Gesù,
per avermi insegnato
con le opere
e con le parole di san Paolo
il vero spirito di povertà.
E tu, o grande santo,
ottienimi lo spirito evangelico
della povertà,
affinché, dopo averti
imitato in vita,
possa esserti compagno
nella gloria in cielo.

San Paolo apostolo:
prega per noi.

5. Ti benedico, o Gesù,
per aver dato a san Paolo
un cuore colmo di amore
a Dio e alla Chiesa,
e di aver salvato tante anime
con la sua instancabile
predicazione.
E tu, nostro amico,
ottienimi vivo desiderio
di annunciare il vangelo
con l'esempio, le opere
e la parola,
perché possa meritare
il premio promesso
ai buoni apostoli.

San Paolo apostolo:
prega per noi.

PER OTTENERE LE INDULGENZE

A tutti i singoli fedeli cristiani veramente pentiti che, debitamente purificati mediante il Sacramento della Penitenza e ristorati con la Sacra Comunione, piamente visiteranno in forma di pellegrinaggio la Basilica papale di San Paolo sulla via Ostiense e pregheranno secondo le intenzioni del Sommo Pontefice, è concessa ed impartita l'Indulgenza plenaria della pena temporale per i loro peccati, una volta ottenuta da essi la remissione sacramentale e il perdono delle loro mancanze.

L'Indulgenza plenaria potrà essere lucrata dai fedeli cristiani sia per loro stessi, sia per i defunti, tante volte quante verranno compiute le opere ingiunte; ferma restando tuttavia la norma secondo la quale si può ottenere l'Indulgenza plenaria soltanto una volta al giorno.

Affinché poi le preghiere che vengono elevate in queste sacre visite conducano e sollecitino più intensamente gli animi dei fedeli alla venerazione della memoria di San Paolo, è stabilito e disposto quanto segue: i fedeli, oltre ad elevare le proprie suppliche davanti all'altare del Santissimo Sacramento, ognuno secondo la sua pietà, si dovranno portare all'**altare della Confessione** e devotamente recitare il **Padre nostro** e il **Credo**, aggiungendo pie **invocazioni in onore della Beata Vergine Maria e di San Paolo**. E tale devozione sia sempre strettamente unita alla memoria del Principe degli Apostoli San Pietro.

Decreto alla Penitenzieria Apostolica
10 maggio 2008

PREGHIERA

O Dio, che sulla via di Damasco hai chiamato Saulo di Tarso a diventare Paolo l'Apostolo delle Genti, per illuminare tutto il mondo con la forza della sua parola, concedi a noi, che celebriamo con gioia il bimillenario della sua nascita, di conoscere sempre meglio il suo insegnamento, di essere fedeli testimoni della tua verità nella nostra vita, e di camminare sempre nella via del Vangelo, pregando ed operando per giungere all'unità di tutti i cristiani nella tua unica Chiesa.

Te lo chiediamo per il nostro Signore Gesù Cristo, tuo Figlio, che vive e regna con te, nell'unità dello Spirito Santo, per tutti i secoli dei secoli.

Amen.

UN CAMMINO NELLA BASILICA, IN SEI TAPPE, VERSO LA TOMBA DELL'APOSTOLO

1. LA PORTA PAOLINA

"Giunto che fui a Troade per annunciare il vangelo di Cristo, sebbene mi fosse aperta una grande porta nel Signore" 2 Cor 2,12
Entrate attraverso la porta Paolina, ed assumete l'impegno di diventare voi stessi, a seguito di Paolo, degli apostoli missionari.

2. NELLA BASILICA

"È degno di fede il detto: Se siamo morti insieme con lui, con lui anche vivremo" 2 Tm 2,11

Camminate ed ammirate questa Basilica dove, sotto i nostri piedi, riposano tanti Cristiani che hanno seguito il percorso dell'Apostolo.

3. DINANZI ALLA TOMBA

"Pregate senza interruzione!" 1 Ts 5,17
Pregate dinanzi al sarcofago di San Paolo, reso visibile recentemente, contemplando la catena che lo ha imprigionato a Roma. Questa catena ci esorta ad essere legati al Cristo.
Cantate gli inni e le litanie di San Paolo.

4. LA ZONA DELLA RICONCILIAZIONE

"Col cuore infatti si crede per ottenere la giustificazione, con la bocca si fa la professione per ottenere la salvezza" Rom 10,10

Pregate per il Papa, successore di Pietro e Paolo e per tutta la Chiesa, confessatevi per ricevere i benefici spirituali promessi a ciascuno.

5. NELL'ABSIDE

"Ma è lo Spirito stesso che prega per noi con gemiti inespressi"
Rom 8,26
Associatevi alla preghiera dei Monaci, al canto delle litanie di San Paolo, ai tempi di preghiera con le altre Comunità cristiane.

6. NELLA CAPPELLA DEL SACRAMENTO

"Nostra lettera siete Voi, una lettera scritta nei nostri cuori, conosciuta e letta da tutti gli uomini" 2 Cor 3,2

Assistete alla Messa, raccoglietevi e meditate sulle lettere dell'Apostolo Paolo.

Stampa: 2008
Agam – Madonna dell'Olmo (Cuneo)
Printed in Italy